달걀 하나로 근사해지는 에그 샌드위치 99

# 달걀과 빵은 맛있어

나가타 유이 지음 · 조수연 옮김

위즈덤하우스

**Original Japanese title: TAMAGO TO PAN NO KUMITATEKATA**
ⓒ Yui Nagata 2019

Original Japanese edition published by Seibundo Shinkosha Publishing Co., Ltd.
Korean translation rights arranged with Seibundo Shinkosha Publishing Co., Ltd. through The English Agency(Japan) Ltd. and Danny Hong Agency
Korean translation rights ⓒ2020 by WISDOMHOUSE Inc.

이 책의 한국어판 저작권은 대니홍 에이전시를 통한 저작권사와의 독점 계약으로
㈜위즈덤하우스에 있습니다.
저작권법에 의해 한국 내에서 보호를 받는 저작물이므로 무단전재와 복제를 금합니다.

## Prologue

'달걀 샌드위치'라고 하면 어떤 샌드위치가 가장 먼저 떠오르시나요?
삶은 달걀에 마요네즈를 넣어 만든 달걀 샐러드 샌드위치인가요? 아니면 달걀말이 샌드위치? 어쩌면 오믈렛 샌드위치일지도 모르겠네요.
모두가 좋아하는 기본 달걀 샌드위치는 간단하지만 여러 가지 레시피로 응용할 수 있는 심오한 요리랍니다.
이 책은 달걀과 빵으로 만드는 평범한 요리를 하나하나 분석한 탐구서입니다.
기본 달걀 요리와 식빵의 조합부터 시작해서 식빵 사이에 달걀을 '끼워 넣는' 것뿐 아니라 '얹고', '찍고', 식빵을 달걀물에 '적시는' 등, 다양한 방식으로 조합하며 달걀과 빵의 최상의 균형을 찾아봅니다.
달걀이 주재료가 아닌 명품 조연 역할을 하는 여러 나라의 샌드위치, '빵과 어울리는 세계의 달걀 요리' 같은 응용 편도 실었으며 마지막으로 '빵과 달걀로 만드는 디저트'까지, 오로지 달걀에 대해서만 다뤘습니다.
달걀 샌드위치뿐만 아니라 달걀을 빵과 함께 맛있게 즐기기 위한 메뉴 개발 아이디어 책으로도 활용할 수 있습니다.
달걀과 빵의 세계를 여행하며 샌드위치를 더욱 맛있게 먹는 방법을 함께 탐구해봅시다!

나가타 유이

# Contents

Prologue … 3

## 01 빵과 어울리는 기본 달걀 요리

삶은 달걀 … 10
달걀 샐러드 … 12
사워크림 달걀 샐러드 … 14
달걀조림 샐러드 … 15
달걀말이 … 16
맛국물 달걀말이 … 18
오믈렛 … 20
생크림을 넣은 오믈렛 … 22
스크램블드에그 [프라이팬 타입] … 24
스크램블드에그 [중탕 타입] … 26
달걀 프라이 … 28
포치드 에그 … 30

달걀로 만드는 소스 1 차가운 소스
마요네즈 … 32

달걀로 만드는 소스 2 따뜻한 소스
올랑데즈 소스 … 33

마요네즈 + 재료 응용하기
　　겨자 마요네즈 소스 … 34
　　간장 마요네즈 소스 … 34
　　아이올리풍 마요네즈 소스 … 34
　　루유풍 마요네즈 소스 … 34
　　오로라 소스 … 35
　　사워 마요네즈 소스 … 35
　　타르타르 소스 … 35
　　일본식 타르타르 소스 … 35

달걀로 만드는 크림 1
커스터드 크림 … 36

커스터드 크림 + 재료 응용하기
　　마스카르포네 커스터드 … 38
　　생크림 커스터드 … 38

달걀로 만드는 크림 2
자바이오네 … 39

달걀에 관한 기초 지식 … 40
달걀 요리 도구 … 42
샌드위치의 기본 채소 다루는 법 … 44

## 02 달걀을 빵 사이에 넣으면 맛있어

삶은 달걀 × 식빵
기본 달걀 샐러드 샌드위치 … 48
매끈한 달걀 샐러드 샌드위치 … 49
대강 썬 달걀 샌드위치 … 52
둥글게 자른 달걀 샌드위치 … 52

재료 응용하기　달걀 샐러드 오이 통밀빵 샌드위치 … 54
　　　　　　　달걀 샐러드 오이 호밀빵 샌드위치 … 55
　　　　　　　대강 썬 오이를 넣은 달걀 샐러드 샌드위치 … 56
　　　　　　　달걀 & 치킨 스틱 채소 샌드위치 … 57
　　　　　　　달걀 & 콘 샐러드 샌드위치 … 58
　　　　　　　달걀조림 샌드위치 … 59
　　　　　　　허브 달걀 & 새싹 샐러드 샌드위치 … 60
　　　　　　　허브 달걀 & 햄 믹스 샌드위치 … 61
　　　　　　　둥글게 자른 달걀 & 햄 양상추 믹스 샌드위치 … 62
　　　　　　　반으로 자른 달걀 & 햄 양상추 믹스 샌드위치 … 63
　　　　　　　달걀 새우 브로콜리 통밀빵 샌드위치 … 64
　　　　　　　달걀 연어 아보카도 호밀빵 샌드위치 … 65

달걀말이 × 식빵 … 66
재료 응용하기　군고구마 달걀말이를 넣은 건포도 식빵 샌드위치 … 68
　　　　　　　매운 명란젓 파 달걀말이 샌드위치 … 69

맛국물 달걀말이 × 식빵 … 67
재료 응용하기　벚꽃새우 맛국물 달걀말이 샌드위치 … 70
　　　　　　　게 파드득나물 맛국물 달걀말이 샌드위치 … 71

오믈렛 × 식빵 … 72
재료 응용하기　베이컨 시금치 오믈렛 샌드위치 … 74
　　　　　　　카프레제 오믈렛 샌드위치 … 75

생크림을 넣은 오믈렛 × 식빵 … 73
재료 응용하기　트러플 버섯 오믈렛 샌드위치 … 76
　　　　　　　연어 오믈렛 샌드위치 … 77

스크램블드에그 × 식빵 … 78
재료 응용하기　잔멸치 파 스크램블드에그 샌드위치 … 80

달걀 프라이 [턴 오버] × 식빵 … 79
재료 응용하기　베이컨 에그 양배추 통밀빵 샌드위치 … 81

## 03 달걀을 빵에 얹으면 맛있어

스크램블드에그 [프라이팬 타입] × 식빵 … 84
  **재료 응용하기** 누에콩 페코리노 스크램블드에그 토스트 … 86

달걀 프라이 × 식빵 … 85
  **재료 응용하기** 크로크마담 … 87

달걀 프라이 [토스트 타입] × 식빵 … 88
  **재료 응용하기** 대파 달걀 프라이 토스트 … 90
  카르보나라 달걀 프라이 토스트 … 91

포치드 에그 × 식빵 … 92
  **재료 응용하기** 시저 샐러드 토스트 … 93
  포치드 에그 & 그린 아스파라거스 토스트 … 94
  **빵을 바꿔서** 에그 베네딕트 … 95

반숙 삶은 달걀 × 식빵 … 96
스크램블드에그 [중탕 타입] × 식빵 … 97

## 04 달걀에 빵을 적시면 맛있어

프렌치토스트 × 식빵 … 100
  **재료 응용하기** 생크림 커스터드를 곁들인 건포도 식빵 프렌치토스트 … 102
  구운 바나나와 솔티드 캐러멜 소스를 곁들인 프렌치토스트 … 103
  **빵을 바꿔서** 바타르 프렌치토스트 … 104
  브리오슈 프렌치토스트 … 105

프렌치토스트 [담가두는 타입] × 식빵 … 106
  **조리법 응용하기** 튀긴 프렌치토스트 … 108
  오븐에 구운 프렌치토스트 … 109
  **재료 응용하기** 오렌지 향 프렌치토스트 … 110
  일본식 두유 프렌치토스트 … 111
  황도와 라즈베리를 넣은 가토 프렌치토스트 … 112
  카망베르와 사과를 넣은 프렌치토스트 그라탱 … 113

프렌치토스트 살레 × 식빵 … 114
  **재료 응용하기** 프렌치토스트 살레 아침 식사 플레이트 … 116
  몬테크리스토 샌드위치 … 117
  햄 달걀 브로콜리 크로크 케이크 … 118
  카프레제 프렌치토스트 그라탱 … 119

프렌치토스트 × 식빵 테두리
식빵 테두리 푸딩 … 120

## 05 달걀과 어울리는 여러 가지 빵

식빵·종류 … 124
식빵·달걀 샐러드와의 궁합 … 125
식빵·두께에 따른 조합 … 126
칼의 종류와 사용법 … 127
바게트 … 128
피셀, 반미, 바타르, 불 … 129
팽 드 캉파뉴, 팽 드 세글 … 130
로겐미슈브로트, 베를리너 란트브로트 … 131
크루아상, 팽 비에누아, 브리오슈 아 테트 … 132
브리오슈 낭테르, 판도로 … 133
쿠페빵 … 134
포카치아, 잉글리시 머핀 … 135

**재미있게 자르는 법**
빵 사이에 넣지 않는 달걀 샌드위치 … 136
달걀 프라이 토스트 … 137

[불로 만드는] 불 시저 샐러드 … 138
[피셀로 만드는] 피셀 외프 아 라 피페라드 … 139

## 06 달걀과 어울리는 세계의 샌드위치

**일본**
새우튀김 샌드위치 … 142
과일 믹스 샌드위치 … 143

**싱가포르**
온천 달걀을 곁들인 카야 토스트 … 146

**베트남**
달걀 프라이 반미 … 147

**미국**
B.E.L.T. 샌드위치 … 150
클럽 샌드위치 … 151

**프랑스**
팽 바냐 … 154
살라미 달걀 비에누아 샌드위치 … 155

**덴마크**
작은 새우 달걀 스뫼레브뢰 … 158

**스웨덴**
스뫼르고스토르타 … 159

## 07 빵과 어울리는 세계의 달걀 요리

**미국**
에그 슬럿 … 164
데블드 에그 … 165

**프랑스**
수플레 오믈렛 … 166
외프 마요네즈 … 167
리옹식 샐러드 … 168
니스식 샐러드 … 169
외프 앙 뫼레트 … 170
외프 아 라 피페라드 … 171

**스페인**
토르티야 … 172
살모레호 … 173
소파 데 아호 … 174

**이탈리아**
아쿠아코타 … 175

**영국**
스카치 에그 … 176
잉글리시 브렉퍼스트 … 177

**독일**
올랑데즈 소스를 곁들인 화이트 아스파라거스 … 178
저먼 포테이토를 곁들인 레버케제와 달걀 프라이 … 179

## 08 달걀과 빵으로 만드는 디저트

판도로와 자바이오네 … 182
판도로 베리 자바이오네 그라탱 … 183
아몬드・코코넛 튀일 러스크 … 184
브리오슈 과일 샌드위치 … 186
브리오슈 파르시 … 188
오렌지 향 브리오슈 그라탱 … 190

**일러두기**

- 샌드위치의 이름은 일반적으로 통용되는 명칭을 썼습니다.
- 이 책의 모든 레시피에서 달걀을 사용합니다.
- 달걀은 특란(내용물 50g)을 사용합니다.
- 1큰술은 15㎖, 1작은술은 5㎖입니다.
- E.V. 올리브유는 엑스트라 버진 올리브유입니다.
- 생크림은 유지방 38% 내외의 제품을 사용합니다.

# 01

## 빵과 어울리는
## 기본 달걀 요리

# 삶은 달걀

달걀 요리의 기본인 삶은 달걀은 달걀을 삶기만 하면 되는 간단한 요리입니다. 그렇지만 삶는 정도에 따라 노른자가 굳는 형태와 식감에 차이가 나고, 빵과 조합하는 법도 달라집니다. 삶는 시간은 조리 도구와 화력, 열원에 맞게 조절합니다. 아래의 삶는 시간을 참고하여 여러분의 취향에 맞게 익은 달걀을 찾아보세요.

끓는 물에
**3분**

### 반생

흰자가 굳기 시작하고 노른자는 익지 않은 반생 달걀은 프랑스 아침 식사의 단골 메뉴. 껍데기를 벗기지 않은 상태로 빵에 곁들여 먹는다(96쪽 참조).

처음부터
**8분**

### 반숙

흰자는 완전히 굳었지만, 노른자는 아직 걸쭉한 반숙 달걀. 껍데기를 겨우 벗길 수 있을 정도로 삶는다. 스카치 에그(176쪽 참조), 샐러드에 적합하다.

처음부터
**12분**

### 부드러운 완숙

노른자까지 굳었지만 중심 부분은 부드럽고 색이 선명하다. 흰자도 너무 단단하지 않고 노른자도 매끈한 식감이라 샌드위치는 물론, 다양한 요리에 활용하기 좋다.

처음부터
**15분**

### 단단한 완숙

속까지 완전히 익어서 오렌지색이던 노른자가 연노란색으로 변했다. 부드러운 완숙보다 단단하다. 취향에 따라 용도를 구분해서 사용할 수 있다.

## 【삶는 법】

달걀이 익는 정도는 사용하는 냄비, 한 번에 삶는 양, 달걀을 보관하는 온도에 따라서도 차이가 납니다. 원하는 대로 일정하게 삶아 껍데기를 깔끔하게 벗기기는 의외로 어렵습니다. 실온 상태로 만들어둔 달걀을 끓는 물에 넣고 삶는 방법도 있지만, 여기서는 집에서도 쉽게 할 수 있도록 냉장고에서 막 꺼낸 달걀을 처음부터 물에 넣고 삶는 방법을 소개합니다.

**재료와 도구**(만들기 편한 분량)
1.3ℓ 용량의 작은 냄비, 물 500㎖, 달걀 6개

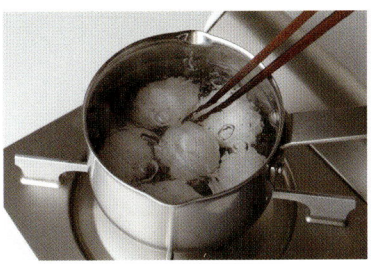

3 물이 끓기 시작할 때 냄비를 가볍게 흔들거나 요리용 젓가락으로 달걀을 굴려주면 노른자가 가운데에 자리 잡는다. 물이 팔팔 끓으면 센 불로 1분 정도 삶다가 약한 불로 줄인다.

1 달걀의 둥근 쪽을 조리대처럼 단단한 곳에 톡 두드려 깨지지 않을 만큼 금이 가게 만든다. 달걀 천공기(42쪽 참조)나 압정으로 구멍을 내도 된다. 달걀의 둥근 쪽에는 공기가 드나드는 기실이 있어서 이곳에 구멍을 내면 껍데기를 벗기기가 쉬워진다.

4 타이머가 울리면 냄비의 물을 따라 버리고, 남은 열로 달걀이 더 익지 않도록 곧바로 흐르는 물에 식힌다. 달걀 껍데기를 단단한 곳에 두드려서 금이 가게 만든다.

2 달걀 6개를 작은 냄비에 넣고, 달걀이 잠길 정도의 물(여기서는 500㎖)을 부어 센 불에 올린다. 원하는 형태로 삶기도록 타이머를 설정한다.

5 달걀을 물속에 담그거나 흐르는 물에 대어 얇은 껍질과 흰자 사이에 물이 들어가면 힘들이지 않고 껍데기를 벗길 수 있다.

# 달걀 샐러드

삶은 달걀을 다져 마요네즈를 섞은 달걀 샐러드는 달걀 샌드위치의 가장 기초가 되는 요리입니다.
이 책에서는 소금, 백후추, 마요네즈만 넣은 심플한 맛을 기본으로 합니다.
삶는 정도, 자르는 법, 자르는 크기를 바꾸고 마요네즈의 양을 조절하는 것만으로도 완성된 요리의 느낌이 달라집니다. 우선 나만의 기준이 되는 맛부터 찾아보세요.

## 【자르는 법, 으깨는 법】

삶은 달걀의 흰자는 탄력이 있지만, 노른자는 아주 부드럽기 때문에 칼로 자르기 불편하기도 합니다. 용도에 맞게 도구를 구분해서 쓰면 효율적으로 작업할 수 있습니다.

### 체에 내리기

삶은 달걀을 체에 올려서 눌러 으깨면 달걀 샐러드에 적당한 크기로 쉽고 빠르게 자를 수 있다. 체를 볼 위에 올려서 사용한다. 체는 눈 크기가 다양하므로 원하는 크기를 선택한다.

### 에그 슬라이서로 자르기

삶은 달걀을 얇고 균일한 두께로 손쉽게 자를 수 있다. 에그 슬라이서로도 샐러드용 달걀을 준비할 수 있는데, 삶은 달걀을 먼저 가로로 자르고 다시 세로로 자른 다음, 마지막으로 달걀을 90도로 돌려서 한 번 더 자르면 된다.

### 치즈 커터로 자르기

삶은 달걀을 반으로 자를 때는 와이어 치즈 커터를 사용하면 노른자까지 깔끔하게 잘린다. 특히 반숙 달걀을 썰 때 위력을 발휘한다. 명주실로 대체할 수도 있지만 삶은 달걀을 반으로 자를 일이 많을 경우, 가지고 있으면 편리한 도구다.

### 칼로 자르기

특별한 도구가 없으면 칼로 잘라도 되는데, 노른자가 칼날에 들러붙어서 예쁘게 자르기 어렵다. 달걀 샐러드용처럼 거칠게 자를 때 사용하고, 잘게 썰 때는 흰자와 노른자를 나눠서 썰면 좋다.

## 【 버무리는 법 】

기본 달걀 샐러드는 다진 삶은 달걀을 소금, 백후추로 밑간한 다음, 마요네즈를 넣고 버무려 만듭니다. 노른자를 너무 으깨지 말고 마요네즈에 가볍게 섞는 것이 포인트입니다. 노른자와 마요네즈가 적당히 섞여야 삶은 달걀의 맛이 살아 있고 직접 만든 느낌이 물씬 나는 샐러드가 됩니다. 마요네즈의 양과 달걀을 써는 법에 따라 맛과 식감이 달라지고 사용하는 마요네즈의 맛과 농도에 따라서도 달걀과의 균형이 달라집니다. 조합할 빵과 재료에 맞게 취향껏 활용해보세요.

### 마요네즈를 적게

완숙 삶은 달걀 1개 　 마요네즈 4g(1작은술)

소금과 백후추로 간하는 것이 기본이다. 마요네즈를 최소한만 넣어 삶은 달걀의 맛을 고스란히 즐길 수 있다. 다소 뻑뻑하므로 수분이 많은 채소나 소스와 조합하면 균형이 잘 맞는다.

### 마요네즈를 기본 양으로

완숙 삶은 달걀 1개 　 마요네즈 8g(2작은술)

삶은 달걀의 맛도 살아 있으면서 마요네즈의 맛도 적절히 느껴진다. 빵에 그대로 얹어도 잘 발리고 기본 달걀 샐러드로도 즐길 수 있어 활용도가 높다. 이 비율로 먼저 만들어본 다음, 취향에 맞게 맛을 조절해보자.

### 마요네즈를 넉넉히

완숙 삶은 달걀 1개 　 마요네즈 12g(1큰술)

마요네즈의 비율이 늘어난 만큼 부드럽고 진한 맛이 난다. 마요네즈를 좋아하는 사람에게 추천. 삶은 달걀을 크게 썰었을 때는 마요네즈의 양이 적으면 잘 어우러지지 않으므로 넉넉히 넣어주는 것이 좋다.

## 【응용하기】

기본 달걀 샐러드는 조미료를 바꾸거나 향신료, 허브처럼 맛을 살려주는 재료를 첨가하여 다양하게 응용할 수 있습니다. 샌드위치의 주재료로 사용할 때는 빵 사이에 넣어도 흐트러지지 않도록 단단하게 만들지만, 부재료로 사용할 때는 걸쭉하게 만들어 소스로 활용하기도 합니다. 여기서는 샌드위치의 베이스로 쓸 수 있는 간단한 응용 레시피를 소개합니다.

기본 삶은 달걀 + 사워크림 & 마요네즈
# 사워크림 달걀 샐러드

마요네즈 일부를 사워크림으로 대체하면 산뜻한 신맛과 우유 성분에서 나오는 감칠맛 덕분에 고급스러운 달걀 샐러드가 됩니다.
흰 식빵에도 잘 어울리지만, 호밀빵이나 통밀빵과 더 잘 어울리는 것을 실감할 수 있어요. 사워크림이 호밀빵과 통밀빵의 소박한 향을 살려줍니다.

### 재료(만들기 편한 분량)
완숙 삶은 달걀(10~11쪽 참조) … 3개
마요네즈 … 15g
사워크림 … 20g
소금 … 1/8작은술(0.5g)
백후추 … 약간

### 만드는 법

완숙 삶은 달걀을 눈이 큰 체에 내려 으깬다. 소금, 백후추로 밑간하고 마요네즈와 사워크림을 넣어 섞는다.

\* 마요네즈와 사워크림의 비율은 취향에 맞추어 조절합니다.
\* 딜, 처빌, 차이브 등 허브를 잘게 다져서 함께 넣으면 더욱 산뜻한 맛이 납니다. 사워 마요네즈 소스(35쪽 참조)를 넣어도 좋습니다.

달걀조림 + 조림 국물 & 마요네즈
# 달걀조림 샐러드

달걀 샐러드를 동양적인 맛으로 만들면 어떨까 하는 아이디어에서 탄생한 달걀조림 샐러드입니다. 진한 맛국물의 달콤짭짤한 맛이 제대로 밴 달걀을 으깨고, 조림 국물과 마요네즈를 넣어 버무립니다. 노른자가 조림 국물을 머금어 입맛 당기는 향이 나요.

**재료**(만들기 편한 분량)
달걀조림※ ··· 4개
마요네즈 ··· 20g
달걀조림 국물 ··· 1큰술

## ※달걀조림 만드는 법(만들기 편한 분량)

**1** 물 500㎖에 다시마 5g을 1시간 정도 담갔다가 약 불에 올린다. 끓기 직전에 다시마를 건져내고 가다랑어포 10g을 넣어 불을 세게 올린다. 끓어오르면 다시 약 불로 줄이고 2분간 더 끓여 체에 거른다.

**2** 1의 맛국물 300㎖, 미림 100㎖, 간장 50㎖를 냄비에 넣어 끓인다. 미림의 알코올 냄새가 사라질 때까지 약 불로 끓이다가 완숙 삶은 달걀(10~11쪽 참조) 6개를 넣는다.

**3** 조림 국물이 끓어오르면 불을 약하게 줄여서 2분간 더 조린다. 불을 끄고 그대로 식힌다.

**4** 한 김 식으면 보관 용기에 옮겨 담는다. 냉장고에 3시간~하룻밤 동안 두면 맛이 배어든다.

## 달걀조림 샐러드 만드는 법

달걀조림을 눈이 큰 체에 내려서 으깬다. 조림 국물을 달걀에 고루 끼얹어 노른자에 국물이 스며들면 마요네즈를 넣고 섞는다.

\* 반찬용 달걀조림은 반숙 달걀로 만들어야 맛있지만, 달걀조림 샐러드는 반숙으로 만들면 샌드위치가 흐트러지기 쉽습니다. 여기서는 부드러운 완숙 삶은 달걀(10쪽 참조)을 씁니다.

\* 좀 더 간단히 만들고 싶다면 조림 국물만 만들어서 으깬 달걀에 넣고 섞어도 됩니다. 흰자까지 맛이 제대로 배어들지는 않겠지만, 달걀 샐러드 전체에 동양적인 맛이 은은하게 납니다.

# 달걀말이

집에서 만드는 달콤한 달걀말이는 미림, 사탕수수 설탕, 소금, 3가지 조미료의 조화가 포인트입니다. 미림은 한 번 끓여서 알코올 냄새를 날리는 수고를 더하면 맛이 한결 순해집니다. 그리고 염분이 들어가야 달걀말이를 식빵 사이에 넣어도 단맛이 흐려지지 않아요. 이 책에서는 식빵 크기에 딱 맞는 작은 달걀말이 팬으로 달걀말이, 맛국물 달걀말이, 오믈렛을 만듭니다. 달걀말이 팬은 열 전도율이 높은 구리 제품이 좋아요.

**재료**(1개 분량, 작은 달걀말이 팬〈43쪽〉을 사용)

달걀 … 3개
끓인 미림※ … 1큰술
사탕수수 설탕 … 1과 1/3큰술
소금 … 1/4작은술
샐러드유 … 적당량

**1** 달걀을 볼에 깨 넣고 요리용 젓가락으로 풀어주다가 사탕수수 설탕, 끓인 미림, 소금을 넣고 잘 섞는다.

**2** 달걀말이 팬을 중간 불로 달구며 팬 전체에 기름을 넉넉히 두른다. 여분의 기름은 키친타월로 닦아낸다. 젓가락 끝에 달걀물을 묻혀서 떨어뜨렸을 때 치익 소리가 나는 온도가 되면 달걀을 굽기 시작한다.

**3** 달걀말이 팬에 달걀물을 1/3만 붓는다. 가장자리부터 부풀면서 익는다.

**4** 요리용 젓가락으로 가장자리에 익은 부분을 가운데로 모으는 동시에 달걀물을 빈틈에 흘리면서 전체를 재빨리 반숙으로 익혀서 굳힌다.

**5** 바닥이 익어서 굳고 윗면이 반숙이 되면 위에서 아래로 말아준다. 뒤집개를 사용하면 말기 쉽다.

**6** 달걀말이를 위로 밀어 올리고, 기름을 머금은 키친타월로 팬에 기름을 바른다.

**9** 뒤집개로 다 구운 달걀말이를 밀어 올리고 가장자리를 살살 눌러 모양을 잡는다. 모든 면을 익혀서 굳힌다.

**7** 팬에 남은 달걀물의 1/3을 붓고, 젓가락으로 달걀말이를 들어서 밑으로도 달걀물이 조금 흘러 들어가게 한다.

**10** 달걀말이를 아래로 끌어 내리고 모양을 잡으며 모든 면을 노릇하게 굽는다. 불을 끄고 남은 열로 마저 익힌다. 맛국물을 넣지 않은 달걀말이는 팬 속에서만 말아도 비교적 깔끔하게 완성되지만, 더 반듯하게 만들고 싶다면 김발로 한 번 더 말아도 좋다.

**8** 달걀이 완전히 굳기 전에 아래로 접으며 말아준다. 남은 달걀물을 세 번에 나누어 부으며 같은 방법으로 굽는다.

※끓인 미림
미림 약 100㎖를 작은 냄비에 넣고 불에 올린다. 끓어오르면 냄비를 기울여 불을 붙인다. 불꽃이 잦아들면 불을 끈다. 불을 붙이고 싶지 않거나 전기레인지를 사용할 경우에는 약한 불로 알코올 냄새가 사라질 때까지 끓인다. 끓인 미림은 냉장고에 보관했다가 빠른 시일 안에 모두 사용한다.

# 맛국물 달걀말이

가다랑어포와 다시마를 우린 맛국물을 듬뿍 머금은 달걀말이는 향이 좋고 고급스러운 맛이 납니다. 일반 달걀말이보다 수분이 많은 만큼, 익숙해질 때까지는 굽는 정도를 조절하기 어려울 수 있습니다. 여기서는 빵과 잘 어울리고 굽기도 쉽도록 맛국물의 양을 줄였습니다. 달걀말이 팬에 기름을 넉넉히 두르고, 온도를 충분히 높인 후에 달걀물을 붓는 것이 비결입니다.

**재료**(1개 분량, 작은 달걀말이 팬〈43쪽〉을 사용)
달걀 … 3개
맛국물※ … 3큰술
끓인 미림(17쪽 참조) … 2작은술
간장 … 1작은술   소금 … 약간
샐러드유 … 적당량

**※맛국물 만드는 법**(만들기 편한 분량)
물 500㎖에 다시마 5g을 1시간 동안 담갔다가 약 불에 올린다. 끓기 직전에 다시마를 건지고, 가다랑어포 10g을 넣어 불을 세게 올린다. 끓어오르면 약 불로 줄이고 2분간 끓여 체에 거른다.

1  달걀을 볼에 깨 넣고 소금을 넣어 요리용 젓가락으로 풀어준다. 맛국물과 끓인 미림, 간장을 넣고 잘 섞은 후 고운체에 거른다. 약간의 수고를 더하면 더욱 부드러운 달걀말이를 만들 수 있다.

2  달걀말이 팬에 기름을 넉넉히 둘러 중간 불에 달군다. 여분의 기름은 키친타월로 닦아낸다. 팬의 온도가 충분히 올라가면 달걀물을 1/4만 붓는다.

3  요리용 젓가락으로 가장자리의 익은 부분을 가운데로 모으면서 달걀물을 팬 전체에 퍼뜨린다. 재빨리 반숙으로 익혀 굳힌다.

4  바닥이 익고 윗면이 반숙이 되면 위에서 아래로 말아준다. 요리용 젓가락으로도 말 수 있지만, 달걀이 팬에 눌어붙거나 흐트러질 때는 뒤집개를 사용하면 실패하지 않고 완성할 수 있다.

5  기름을 머금은 키친타월로 팬 전체에 기름을 바른다. 구리 팬, 철 팬처럼 테플론 가공이 되어 있지 않은 팬에는 기름을 넉넉히 발라서 눌어붙지 않게 한다.

8  뒤집개로 가장자리를 살살 눌러 모양을 잡고 모든 면을 익혀서 굳힌다. 불을 끄고 남은 열로 마저 익힌다.

6  달걀말이를 밀어 올리고, 팬 아래에 남은 달걀물의 1/4을 붓는다. 젓가락으로 달걀말이를 들어서 밑으로도 달걀물이 조금 흘러 들어가게 한다.

9  달걀말이를 김발 위에 올린다. 구우면서 약간 흐트러진 달걀말이도 김발로 감싸서 모양을 잡을 수 있다.

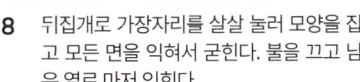

7  달걀이 완전히 굳기 전에 아래로 접어 말아준다. 남은 달걀물을 세 번에 나누어 넣으며 같은 방법으로 굽는다.

10  달걀말이의 속은 부드러운 반숙 상태이므로 김발로 세게 누르지 않는다. 김발에 감싼 상태로 잠시 두어 잔열로 굳힌다.

# 오믈렛

달걀에 소금과 백후추로만 맛을 낸 담백한 오믈렛은 버터를 듬뿍 넣어 단숨에 굽는 것이 맛의 비결입니다. 폭신하고 향긋하게 완성돼요. 첨가하는 재료에 따라 버터를 올리브유나 참기름으로 바꿔 응용할 수도 있습니다. 재료에 수분이 들어가지 않으므로 빠르게 익어서 굽습니다. 균일한 두께로 구우려면 달걀물이 굳기 전에 재빨리 뒤집는 것이 포인트예요. 이 책에서는 식빵 사이에 넣을 것을 고려해 달걀말이 팬에 사각형으로 굽습니다. 재료와 사용하는 도구는 달걀말이와 거의 같지만, 맛과 굽는 법의 차이 때문에 완성품의 인상이 전혀 다르답니다.

**재료**(1개 분량, 작은 달걀말이 팬〈43쪽〉을 사용)

달걀 … 3개
무염 버터 … 8g
소금 … 약간
백후추 … 약간

1. 볼에 달걀과 소금을 넣고 요리용 젓가락으로 충분히 풀어주다가 백후추를 넣어서 섞는다.

2. 달걀말이 팬을 중간 불에 올리고 버터를 녹인다. 팬을 기울여가며 재빨리 버터를 두른다. 팬의 온도가 너무 높아지면 젖은 행주에 올려 식혀도 좋다.

3. 달걀물을 한 번에 모두 부어 넣는다. 치익 소리가 날 정도로 팬이 제대로 달궈졌다면 버터와 달걀물이 잘 어우러져서 폭신하게 완성된다.

4. 내열 주걱을 이용해 익어가는 가장자리 부분을 가운데로 모으면서 달걀물이 아래로 흐르도록 천천히 저어준다. 익어서 굳은 부분과 달걀물이 균형 있게 섞이도록 신경 써서 조리한다.

5. 전체가 반숙되고, 바닥이 익어서 굳으면 뒤집개로 테두리를 만들어 모양을 잡는다.

6  뒤집개로 단번에 뒤집는다. 전체가 너무 익으면 모양새가 좋지 않으므로 윗면이 반숙일 때 뒤집는다.

7  뒤집을 때 오믈렛을 너무 위로 들어 올리지 말고 팬을 기울여 뒤집개 가까이 대면 실패할 염려가 적다. 테두리를 어느 정도 굳혀야 반숙으로 익은 속이 흘러나오지 않는다.

9  한 번 더 뒤집어서 구워진 색을 확인한다. 양면을 고르게 굽는 것이 좋다.

8  뒤집개를 달걀 위아래의 테두리에 대고 눌러주면서 빵에 넣기 좋은 모양과 크기로 만든다.

10  전체를 균일한 높이로 노르스름하게 굽는다. 남은 열로 달걀이 계속 익기 때문에 반숙으로 만들고 싶다면 빠르게 구워낸다.

# 생크림을 넣은 오믈렛

소금과 백후추로 맛을 낸 달걀물에 생크림을 넣은 오믈렛은 매끈하고 몽글몽글하며 풍부한 맛이 납니다. 천천히 익혀 반숙으로 먹으면 맛있어요. 하지만 그만큼 부드럽기 때문에 뒤집을 때 조심해야 합니다. 생크림 대신 우유를 넣으면 담백해지고 생크림 양을 늘리면 맛이 더욱 진해집니다. 조합하는 재료, 달걀물에 넣고 섞는 부재료에 따라 조화롭게 응용해보세요.

**재료**(1개 분량, 작은 달걀말이 팬〈43쪽〉을 사용)

달걀 … 3개
무염 버터 … 8g
생크림(유지방 38% 내외) … 3큰술
소금, 백후추 … 약간

**1** 볼에 달걀과 소금을 넣고 요리용 젓가락으로 충분히 풀어주다가 생크림과 백후추를 넣고 섞는다.

**2** 생크림을 넣은 달걀물이 매끈해질 때까지 잘 섞는다.

**3** 달걀말이 팬을 중간 불에 올리고 버터를 녹인다. 팬을 기울여가며 재빨리 버터를 두른다. 생크림의 섬세한 향을 살리기 위해 버터를 태우지 않도록 주의한다.

**4** 달걀물을 한 번에 모두 부어 넣는다. 치익 소리가 날 정도로 팬이 제대로 달궈졌다면 버터와 달걀물이 잘 어우러져서 폭신하게 완성된다.

**5** 내열 주걱을 이용해 익어가는 가장자리 부분을 가운데로 모으면서 달걀물이 아래로 흐르도록 천천히 저어준다. 익어서 굳은 부분과 달걀물이 균형 있게 섞이도록 신경 써서 조리한다.

**6** 전체가 반숙되고, 바닥이 익어서 굳으면 뒤집개로 테두리를 만들어 모양을 잡는다.

**7** 뒤집개로 단번에 뒤집는다. 생크림을 넣지 않은 오믈렛보다 부드러워서 흐트러지기 쉽다. 가장자리와 가운데가 균일하게 익어서 푸딩처럼 굳기 시작하는 타이밍에 뒤집는 것이 좋다.

**9** 뒤집개를 달걀 위아래의 테두리에 대고 눌러주면서 빵에 넣기 좋은 모양과 크기로 만든다. 한 번 더 뒤집어서 구워진 색을 확인한다. 양면을 고르게 굽는다.

**8** 뒤집을 때 오믈렛을 너무 위로 들어 올리지 말고 팬을 기울여 뒤집개 가까이 대면 실패할 염려가 적다. 테두리를 어느 정도 굳혀둔다.

**10** 전체를 균일한 높이로 노르스름하게 굽는다. 남은 열로 달걀이 계속 익기 때문에 반숙으로 만들고 싶다면 빠르게 구워낸다.

# 스크램블드에그 【프라이팬 타입】

폭신하고 몽글몽글한 스크램블드에그는 전체가 부드러운 반숙이어야 맛있습니다. 달걀말이를 구울 때보다 불을 약하게 조절하고, 남은 열을 능숙하게 활용하는 것이 포인트입니다. 자그마한 프라이팬을 사용하면 달걀물이 넓게 퍼지지 않고 부드럽게 익습니다. 달걀물을 너무 많이 저으면 달걀볶음이 되어버려요. 느긋한 마음으로 천천히 크게 저으며 익혀야 폭신하고 볼륨 있게 완성됩니다.

**재료(1개 분량, 지름 20㎝ 프라이팬 사용)**

달걀 … 3개
무염 버터 … 10g
생크림(유지방 38% 내외) … 2큰술
소금, 백후추 … 약간

**1** 볼에 달걀과 소금을 넣고 요리용 젓가락으로 충분히 풀어주다가 생크림과 백후추를 넣고 섞는다.

**2** 생크림을 넣은 달걀물이 매끈해질 때까지 잘 섞는다.

**3** 프라이팬을 중간 불에 올리고 버터를 녹인다. 프라이팬을 기울이며 재빨리 버터를 두른다. 온도가 높으면 버터가 타버리므로 프라이팬이 너무 달궈지면 젖은 행주에 올려 식힌다.

**4** 달걀물을 한 번에 모두 붓는다. 치익 소리가 날 정도로 팬이 제대로 달궈져 있으면 버터와 달걀물이 잘 어우러져 폭신하게 완성된다.

**5** 프라이팬의 가장자리 부분부터 익기 시작한다. 내열 주걱을 이용해 익어가는 가장자리 부분을 가운데로 모으면서 달걀물이 아래로 흐르도록 천천히 저어준다. 익어서 굳은 부분과 달걀물이 균형 있게 섞이도록 신경 써서 조리한다.

**6** 온도가 너무 높아지시지 않도록 프라이팬을 젖은 행주 위에 올려가며 천천히 익힌다. 달걀물을 너무 휘저으면 달걀 볶음이 되어 버리므로, 시간을 약간 두고 저어준다.

**7** 내열 주걱으로 익어서 굳은 부분을 긁으면서 천천히 저으면 달걀이 폭신하고 큼직한 반숙 형태로 굳는다.

**9** 프라이팬 가장자리에 얇게 굳은 부분을 가운데로 모아서 한 덩어리로 만든다. 불을 끄고 남은 열로 마저 익힌다.

**8** 달걀 전체의 농도가 걸쭉해지면 곧 완성된다. 온도가 너무 올라가지 않도록 불 조절에 주의한다.

**10** 전체가 촉촉하게 반숙으로 익고 폭신한 볼륨이 생기면 완성이다. 남은 열로 달걀이 계속 익으므로 곧바로 접시에 옮겨 담는다.

# 스크램블드에그 【중탕 타입】

보드라운 반숙으로 만들고 싶다면 중탕으로 천천히 부드럽게 익혀보세요. 프라이팬으로 만든 스크램블드에그와 전혀 다른 식감에 깜짝 놀랄 거예요. 여기서는 일부러 내열유리 볼을 사용했습니다. 금속 볼보다 열전도율이 낮아서 시간은 조금 더 걸려도 실패할 염려가 없거든요. 섬세하고 고급스러운 스크램블드에그는 프랑스 요리의 애피타이저로도 좋답니다.

**재료(만들기 편한 분량)**
달걀 … 3개
무염 버터 … 10g
생크림(유지방 38% 내외) … 2큰술
소금, 백후추 … 약간

3  달걀을 볼에 깨 넣는다. 보드라운 식감을 위해 알끈을 제거한다. 소금, 백후추, 생크림을 넣고 매끈해질 때까지 잘 섞는다.

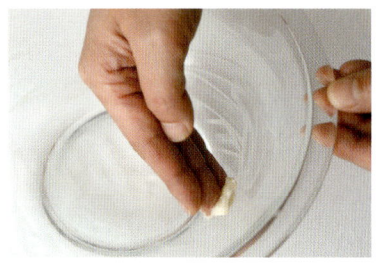

1  달걀이 들러붙지 않도록 내열유리 볼에 무염 버터를 바른다. 남은 무염 버터는 보관했다가 마무리할 때 쓴다.

4  냄비에 내열 볼을 올리고, 달걀물을 모두 붓는다.

2  냄비에 물을 끓인다. 볼 바닥에 끓는 물이 직접 닿으면 온도가 너무 올라가므로, 증기만 닿을 정도로 물을 받는다.

5  내열 주걱으로 달걀물을 천천히 젓는다. 달걀물의 온도가 일정하게 오르도록 서서히 가열한다.

6   전체가 걸쭉한 크림 형태로 굳어간다. 온도가 너무 올라가지 않게 조절하고, 천천히 저으며 계속 가열한다.

7   볼에 닿는 부분부터 굳기 때문에 바닥에 눌어붙지 않도록 깔끔하게 긁어주며 크게 젓는다.

8   전체가 반숙으로 몽글몽글하게 굳으면 남은 무염 버터를 넣고 천천히 녹이며 섞는다. 이때 버터를 넣어야 향이 살아나고 달걀이 더욱 부드러워진다.

9   불을 끄고 남은 열로 마저 익힌다. 전체가 촉촉한 반숙으로 굳도록 조리한다.

# 달걀 프라이

달걀을 프라이팬에 깨 넣고 굽기만 하면 됩니다. 달걀 요리의 가장 기본이라 할 수 있는 달걀 프라이(서니 사이드 업Sunny-side up)도 굽는 법과 익히는 정도를 달리하면 다양한 요리에 활용할 수 있습니다. 샌드위치에 넣으려면 양면 굽기(턴 오버Turn over)로 조리하세요. 양면을 구워서 굳히면 빵 사이에 넣기 편하고 흰자와 노른자의 상하 균형을 맞출 수 있습니다. 노른자의 반숙 정도를 조절하기 쉽다는 점도 매력이에요. 크로크마담에 토핑한다면 약한 불로 촉촉하게 구우세요. 흰자도 부드럽고 노른자도 걸쭉한 반숙이 됩니다.

기본 달걀 프라이(서니 사이드 업)

**재료(1장 분량)**
달걀 … 1개
샐러드유 … 약간

**기본 달걀 프라이(서니 사이드 업)**

**1** 달걀을 작은 볼에 깨 넣는다. 프라이팬에 샐러드유를 두르고 중약 불에 올린다. 볼에 담긴 달걀을 프라이팬에 조심히 옮긴다.

**2** 달걀노른자가 가운데에 오도록 달걀 껍데기를 이용해 노른자의 위치를 조절한다. 잠시 두면 노른자 아래에 있는 흰자가 굳어서 모양이 흐트러지지 않는다.

**3** 윗면을 하얗게 굳히려면 프라이팬 가장자리에 뜨거운 물 1큰술(분량 외)을 붓는다. 프라이팬의 온도를 낮추려면 미지근한 물을 넣어도 된다.

**4** 곧바로 뚜껑을 덮는다. 증기를 가두면 달걀 윗면의 온도가 올라가서 하얗게 굳는다.

**5** 반숙으로 완성하려면 달걀을 바로 꺼낸다. 노른자까지 굳히려면 뚜껑을 덮고 원하는 상태가 될 때까지 더 익힌다.

양면을 구운 달걀 프라이(턴 오버)

반숙 달걀 프라이(토핑용 촉촉한 타입)

### 양면을 구운 달걀 프라이(턴 오버)

1 기본 달걀 프라이 2번 과정까지 같은 방법으로 굽는다. 바닥이 익어서 굳으면 윗면의 흰자가 익기 전에 재빨리 뒤집는다.

2 반숙으로 완성하려면 반대쪽이 노릇해졌을 때 바로 꺼낸다. 노른자의 상태는 위쪽을 손끝으로 눌러 확인한다.

3 노른자가 반숙일 때 뒤집개로 터뜨려서 노른자가 퍼지도록 익혀도 샌드위치에 잘 어울린다.

### 반숙 달걀 프라이 (토핑용 촉촉한 타입)

1 달걀을 체에 깨 넣는다. 흰자의 묽은 부분(수양 난백)을 걸러내서 노른자와 탄력 있는 농후 난백만 남기면 모양이 예쁜 달걀 프라이를 만들 수 있다.

2 프라이팬에 무염 버터를 조금 넣고 약한 불에 올린다. 버터가 녹으면 1을 넣고, 뚜껑을 연 채 약한 불로 뭉근히 익힌다. 흰자의 투명한 부분이 사라지고 하얗게 익어서 굳으면 완성된다.

# 포치드 에그

달걀을 끓는 물에 깨 넣고 삶아서 '수란'이라고도 합니다. 익은 형태가 다양한 삶은 달걀과 달리 노른자를 반숙으로 익히는 것이 기본입니다. 조리 시간이 짧고 반숙 정도를 조절하기도 쉬워서 익숙해지면 만들기 편한 달걀 요리 중 하나랍니다. 빵 사이에 넣는 샌드위치에는 적합하지 않지만, 오픈 샌드위치나 빵과 어울리는 요리의 토핑으로 폭넓게 활용할 수 있습니다. 포치드 에그를 온천 달걀로 대체하기도 합니다.

**재료(1장 분량)**
달걀※ … 1개
식초 … 적당량(끓는 물 양의 0.5%가 기준)

※되도록 신선한 달걀을 쓰는 것이 좋다.

3  물이 끓으면 요리용 젓가락을 냄비 가장자리를 따라 빙빙 돌려서 물을 회전시킨다.

1  달걀을 체에 깨 넣는다. 흰자의 묽은 부분(수양 난백)을 걸러내서 노른자와 탄력 있는 농후 난백만 남기면 끓는 물에 넣었을 때 한 덩어리로 잘 굳어서 예쁘게 완성된다.

4  냄비 가운데에 달걀을 천천히 떨어뜨린다. 물의 흐름 때문에 흰자가 자연스럽게 뭉친다. 흰자가 퍼진다면 젓가락을 이용해 흰자로 노른자를 감싸준다.

2  냄비에 물을 끓이고, 식초를 넣는다. 여기서는 물 600㎖에 식초 2큰술을 넣는다.

5  중약 불로 약 3분간 삶는다. 냄비 바닥에 달걀이 들러붙지 않는지 확인하며 익힌다. 물은 보글보글 끓는 상태로 유지한다.

## 온천 달걀 만드는 법

**1**

두꺼운 냄비에 물 1ℓ를 붓고, 뚜껑을 덮어 끓인다. 끓는 물에 상온의 물 200㎖를 붓고 재빨리 휘젓는다. 이때 온도는 80℃가 기준이다. 일정한 온도를 유지하려면 보온이 잘 되고 공기가 잘 빠져나가지 않는 주물 냄비를 사용하는 것이 좋다.

**2**

냉장고에서 막 꺼낸 달걀 6~7개를 물에 넣고 곧바로 뚜껑을 덮은 다음, 그대로 20~25분간 둔다. 20분이 지나면 노른자가 걸쭉한 반숙이 되고 25분이 지나면 노른자가 굳기 시작한다. 냄비의 보온성과 물의 온도에 따라 완성도가 결정되므로, 익숙해질 때까지는 달걀 하나를 깨뜨려 상태를 확인한다. 남은 열로 달걀이 계속 익기 때문에 완성되면 찬물에 담가 식힌다.

**3**

흰자가 걸쭉하고 노른자는 촉촉하게 굳으면 완성이다. 흰자가 굳는 온도는 75~80℃, 노른자가 굳는 온도는 65~70℃이다. 온천 달걀은 70℃ 전후의 물에 넣기 때문에 삶은 달걀과 굳는 순서가 반대다. 보온기를 사용하거나 온도 관리가 가능하면 위의 과정대로 하지 않고 70℃의 물에 30분 정도 담가서 만들어도 된다.

**6** 3분이 지나면 건지기로 건져 손끝으로 살짝 눌러본다. 흰자는 굳었고 노른자는 걸쭉한 상태인지 확인한다. 흰자가 덜 굳었다면 10~20초 정도 더 삶는다.

**7** 남은 열로 노른자가 굳지 않도록 곧바로 얼음물에 담가 식힌다. 따뜻한 요리에 얹는다면 올리기 직전에 끓는 물에 잠시 담가서 흰자만 데운다.

**8** 튀어나온 흰자가 있으면 주방 가위로 잘라서 모양을 정돈한다.

달걀로 만드는 소스 1 차가운 소스
# 마요네즈

달걀로 만드는 소스의 대표격인 마요네즈는 샌드위치를 만들 때 가장 자주 사용하는 차가운 유화 소스입니다. 보통은 간편하게 시판 제품을 사용하지만, 좋은 재료를 엄선해서 직접 만드는 맛도 특별하답니다. 노른자로만 만들면 풍부하고 진한 감칠맛이 납니다. 직접 만든 마요네즈의 맛을 보고 내가 어떤 맛을 좋아하는지 확실히 알게 되면 시판 마요네즈도 취향에 맞게 활용할 수 있습니다. 식초와 기름의 종류를 바꾸거나 디종 머스터드를 첨가해도 좋고, 기본 마요네즈에 향신료나 허브로 맛을 더해도 좋아요.

**재료**(만들기 편한 분량)
달걀노른자※ … 1개
화이트와인 비니거(레드와인 비니거, 쌀 식초, 사과 식초 등으로 대체 가능) … 1큰술
소금 … 1/2작은술
백후추 … 약간
샐러드유 … 180㎖

※달걀노른자를 전란 1개로 대체해서 만들어도 됩니다. 흰자가 들어간 만큼 담백해집니다.

**1** 달걀노른자는 실온 상태로 둔다. 볼에 노른자와 화이트와인 비니거를 넣고 휘젓는다.
\* 노른자가 차가우면 제대로 유화되지 않아서 실패할 수 있다.

**3** 샐러드유를 가는 줄기로 흘려 넣으면서 거품기로 섞는다. 볼 바닥이 쏙 들어가는 크기의 냄비에 젖은 행주를 올리고 그 위에 볼을 얹어 고정하면 작업하기 쉽다.

**5** 서서히 점도가 생기면서 되직해진다. 부드러운 마요네즈로 만들려면 기름을 적게 넣고, 단단한 마요네즈로 만들려면 기름을 넉넉히 넣는다. 간을 보고 싱거우면 소금과 백후추를 더 넣는다.

**2** 소금, 백후추를 넣고 소금을 녹이면서 잘 섞는다.

**4** 찰기가 생기고 기름이 잘 어우러질 때까지 휘젓는다. 거품을 내지 말고 볼 바닥에 거품기를 밀착해서 저어준다. 기름을 조금씩 추가하며 넣을 때마다 완전히 유화시킨다.

**핸드 블렌더로 만들기**
재료를 한꺼번에 넣고 만들 수 있습니다. 노른자 1개만 넣으면 유화가 잘 안 되기도 하니 전란으로 만드세요.

**만드는 법**
입구가 넓은 병 또는 핸드 블렌더에 딸린 용기에 모든 재료를 넣고, 핸드 블렌더를 바닥에 밀착시킨 상태로 작동한다. 바닥부터 유화되어 되직해지기 시작하면 핸드 블렌더를 위아래로 움직이며 전체를 잘 섞는다.

## 달걀로 만드는 소스 2 따뜻한 소스
# 올랑데즈 소스

마요네즈처럼 달걀, 기름(버터), 식초로 만드는 따뜻한 유화 소스로, 프랑스를 대표하는 소스 중 하나입니다. 미리 만들어놓을 수 없고 용도도 한정적이지만, 조리법을 잘 익혀두면 좋은 기본 소스입니다. 달걀노른자에 거품을 내며 중탕하면 찰기 있고 매끈해집니다. 정제 버터를 녹여두면 간편하게 만들 수 있어요.

**재료(만들기 편한 분량)**
달걀노른자 … 2개
정제 버터※(녹인 버터도 가능) … 100g
레몬즙 … 1큰술
소금 … 약간
백후추 … 약간

※**정제 버터**
무염 버터를 중탕으로 녹여 상온에 둔다. 버터가 두 층으로 분리되면 위에 뜬 거품을 걷어낸다. 아래에 하얀 침전물이 생기면 섞지 말고 그 위의 투명하고 노란 액체만 떠낸다. 불순물을 제거해서 산뜻하고 향도 더 좋아진다. 오래 보관할 수 있고 잘 타지 않아서 가열 조리용 버터로 만들어두면 좋다.

**1** 볼에 달걀노른자와 물 1큰술(분량 외)을 넣고 휘젓는다. 여기서는 중탕으로 서서히 익히기 위해 유리볼을 사용한다. 냄비에 물을 끓여둔다.

**3** 찰기가 생기면서 되직해지고, 거품기가 지나간 흔적이 남을 정도로 거품이 올라오면 불을 끈다.

**5** 완전히 유화되어 찰기 있고 매끈한 크림 형태가 되면 레몬즙을 넣고 소금, 후추로 간한다. 완성된 올랑데즈 소스는 약 50℃의 냄비 위에 올려 보온하고, 윗면이 마르지 않게 랩을 소스에 밀착시켜 덮는다.

**2** 냄비에 볼을 올리고 중탕하며 거품을 낸다. 끓는 물이 볼 바닥에 직접 닿으면 온도가 올라가서 소스가 굳기 쉬우므로 증기만 닿도록 물의 양을 조절한다.

**4** 볼을 냄비에서 내리고, 따뜻한 정제 버터를 실처럼 가늘게 늘어뜨려 넣으며 거품기로 휘젓는다. 마요네즈와 마찬가지로 정성껏 유화시킨다.

달걀로 만드는 소스 **1** 차가운 소스
# 마요네즈 + 재료 응용하기

기본 마요네즈를 응용한 소스로 샌드위치의 맛에 쉽게 변화를 줄 수 있습니다. 시판 마요네즈에 조미료나 양념을 넣고 섞기만 하면 간단히 만들 수 있어요.

### 겨자 마요네즈 소스

**재료**(만들기 편한 분량)
마요네즈 … 50g
겨자 … 4g

알싸한 겨자의 맛을 더한 마요네즈는 우리 식재료와 잘 어울립니다. 소량으로도 요리의 맛을 살려줘서 빵에 바르는 소스, 마무리용 소스로도 쓸 수 있습니다. 겨자를 디종 머스터드나 홀그레인 머스터드로 바꾸면 느낌이 또 달라져요.

### 간장 마요네즈 소스

**재료**(만들기 편한 분량)
마요네즈 … 50g
간장 … 5g

간장을 약간만 넣어도 마요네즈가 동양적인 소스로 변신합니다. 달걀 샌드위치에 넣으면 왠지 정겨운 맛이 나요. 고기, 채소 등 재료를 가리지 않고 활용할 수 있어요. 간장을 맛간장으로 바꿔서 맛국물의 향을 더해도 좋습니다.

### 아이올리풍 마요네즈 소스

**재료**(만들기 편한 분량)
마요네즈 … 50g
E.V.올리브유 … 1작은술
마늘(강판에 간 것) … 5g

아이올리(Aïoli)는 프랑스의 프로방스 지방에서 만든 올리브유 베이스의 유화 소스로, 강한 마늘 맛이 특징입니다. 마요네즈에 올리브유와 마늘만 넣어도 특유의 맛을 느낄 수 있어요. 채소에 곁들이면 맛을 한층 끌어올려 줍니다.

### 루유풍 마요네즈 소스

**재료**(만들기 편한 분량)
마요네즈 … 50g
E.V.올리브유 … 1작은술
마늘(강판에 간 것) … 5g
카옌페퍼 … 약간
사프란 … 약간

루유(Rouille) 역시 프로방스 지방의 유화 소스로, 해산물 스튜인 부야베스의 필수 재료입니다. 얇게 썰어 토스트한 바게트에 루유를 듬뿍 발라 수프에 띄워서 먹어도 맛있어요. 해산물 샌드위치에 포인트를 주는 소스로 추천합니다.

### 오로라 소스

**재료(만들기 편한 분량)**

마요네즈 … 50g
케첩 … 40g
디종 머스터드 … 5g

우리에게 익숙한 케첩과 마요네즈를 섞은 소스로, 친숙한 맛이 납니다. 디종 머스터드를 포인트로 첨가하면 맛이 확 달라져요. 오믈렛, 베이컨에 특히 잘 어울립니다.

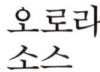

### 사워 마요네즈 소스

**재료(만들기 편한 분량)**

마요네즈 … 50g
사워크림 … 40g
허브(딜·처빌·차이브, 잘게 다진 것) … 3g
소금, 백후추 … 약간

마요네즈와 사워크림을 섞으면 가벼운 신맛과 우유의 감칠맛이 인상적입니다. 여기에 신선한 허브를 듬뿍 넣어 산뜻한 맛을 더했습니다. 기본 마요네즈 대신 사워 마요네즈 소스를 사용하면 재료의 신선함을 더욱 끌어올려 줘요.

### 타르타르 소스

**재료(만들기 편한 분량)**

마요네즈 … 50g
완숙 삶은 달걀(고운체에 으깬 것, 10~11쪽 참조) … 1개
양파(잘게 다진 것) … 25g
코르니숑(또는 오이 피클, 잘게 다진 것) … 20g
이탈리안 파슬리(잘게 다진 것) … 2작은술
레몬즙 … 1작은술
소금, 백후추 … 약간

건더기가 푸짐하고 용도가 다양한 대표적인 마요네즈 베이스 소스입니다. 신맛을 더하면 튀김에 잘 어울리고 건더기의 양을 늘리면 달걀 샐러드에 가까워집니다. 소스뿐만 아니라 샌드위치의 재료로도 활용할 수 있어요.

### 일본식 타르타르 소스

**재료(만들기 편한 분량)**

마요네즈 … 50g
완숙 삶은 달걀(고운체에 으깬 것, 10~11쪽 참조) … 1개
절인 염교(잘게 다진 것) … 25g
시바즈케*(잘게 다진 것) … 20g
차조기 잎(잘게 다진 것) … 2장
레몬즙 … 1작은술
소금, 백후추 … 약간

* 채소를 붉은 차조기 잎과 함께 절인 것.
— 옮긴이 주

염교, 시바즈케, 차조기 잎을 써서 일본식 향을 살렸습니다. 단무지 또는 오이 절임이나 양하**를 넣어도 맛있습니다. 삶은 달걀을 늘려서 일본식 달걀 샐러드로 만들어도 좋아요.

** 생강과의 채소로 생강과 셀러리 등을 섞어 놓은 듯한 독특한 향이 난다.
— 옮긴이 주

달걀로 만드는 크림 1
# 커스터드 크림

프랑스어로 크렘 파티시에르(Crème pâtissière), '과자를 만드는 사람의 크림'이라는 뜻으로, 이름처럼 제과에서 빼놓을 수 없는 크림입니다. 단맛이 나는 반죽에 커스터드 크림을 듬뿍 넣은 크림빵은 일본에서 처음 만들어졌습니다. 크림빵의 인기로 알 수 있듯, 빵과 커스터드 크림은 궁합이 아주 좋습니다. 과일 샌드위치나 프렌치토스트에 곁들여도 좋지요. 맛있는 커스터드 크림만 있으면 평범한 빵도 근사한 디저트가 된답니다.

**재료(만들기 편한 분량)**

달걀노른자 … 3개
우유 … 250㎖
그래뉼러당 … 60g
박력분 … 30g
무염 버터 … 25g
바닐라 빈 … 1/3개

2  1에 박력분을 체로 치면서 넣는다.

3  2를 가볍게 섞는다.

1  달걀노른자를 볼에 넣고 그래뉼러당을 넣자마자 거품기로 섞는다. 재빨리 섞지 않으면 그래뉼러당이 노른자의 수분을 흡수해서 알갱이가 남으므로 주의한다. 하얗게 될 때까지 볼 바닥에 대고 섞어준다.

4  냄비에 우유와 바닐라 빈을 넣는다. 바닐라 빈은 세로로 갈라서 작은 나이프로 씨를 긁어, 깍지와 함께 냄비에 넣는다. 끓기 직전까지 데운다.

5  4를 3에 넣고 재빨리 섞는다.

8  크림이 되직해져도 손을 멈추지 말고 계속 저어준다. 끓기 시작하면 2~3분간 더 가열하다가 매끈해졌을 때 불을 끈다.

6  냄비에 고운체를 올려 5를 거른다. 이때 바닐라 빈 깍지와 달걀의 알끈이 걸러져서 매끈한 크림이 된다.

9  무염 버터를 넣고 식기 전에 내열 주걱으로 녹이며 섞는다.

7  중간 불에 올리고 거품기로 잘 저으며 가열한다. 걸쭉해지면 냄비 바닥에 눌어붙기 쉬우므로 냄비 구석까지 신경 써서 젓는다. 도중에 불에서 잠시 내려 섞어도 좋다.

10  완성된 커스터드 크림을 볼이나 배트에 옮겨 담는다. 크림에 랩을 밀착시켜 덮고, 볼을 얼음물에 올려 급랭시킨다. 한 김 식으면 냉장고에 넣어둔다.

달걀로 만드는 크림 1
# 커스터드 크림 + 재료 응용하기

## 마스카르포네 커스터드

꿀로 단맛을 낸 마스카르포네를 섞으면 은은한 단맛과 우유의 감칠맛을 더해 빵과의 궁합이 더 좋아집니다. 커스터드 크림만 쓰는 것보다 맛이 가볍고 과일과도 잘 어울려요. 거품을 내지 않고 섞기만 하면 되는 점도 매력이랍니다.

마스카르포네 70g에 꿀 7g을 넣고 섞다가 커스터드 크림(36~37쪽 참조) 100g을 넣고 섞는다.

## 생크림 커스터드

단맛을 첨가해 거품 낸 생크림(크렘 샹티이Crème chantilly)과 커스터드를 섞어 만든 크림입니다. 프랑스 과자에서 흔히 볼 수 있는 크림으로, 프랑스어로는 크렘 디플로마트(Crème diplomate)라고 합니다. 가벼운 맛이라 빵에 듬뿍 바르고 싶어져요.

생크림(유지방 38% 내외) 70㎖에 그래뉴러당 7g을 넣고 80%까지 거품을 낸 후 커스터드 크림(36~37쪽 참조) 100g을 넣어 섞는다.

### 달걀로 만드는 크림 2
# 자바이오네

이탈리아어로는 자바이오네(Zabaione), 프랑스어로는 소스 사바용(Sauce sabayon)이라고 합니다. 술을 넣은 크림 형태의 디저트로, 달걀노른자를 거품 내면서 중탕하여 폭신하고 가볍습니다. 그대로 디저트로 즐겨도 좋고, 달콤한 그라탱에 넣어 오븐에 구워도 맛있어요. 여기서는 화이트와인을 사용했는데, 이탈리아에서는 보통 마르살라 와인*을 사용합니다. 취향에 따라 샴페인으로 대체하거나, 화이트와인에 쿠앵트로** 또는 럼주를 첨가해 응용할 수도 있습니다. 이 책에서는 달걀을 듬뿍 넣은 이탈리아의 발효 과자 '판도로'와 함께 만든 디저트를 소개합니다(182~183쪽 참조). 프렌치토스트에 곁들여도 좋아요.

• 이탈리아의 주정 강화 와인 중 가장 유명한 디저트 와인.
•• 오렌지 향을 가미한 프랑스산 무색 리큐어. ─ 옮긴이 주

**재료**(만들기 편한 분량)
달걀노른자 … 3개
화이트와인 … 60㎖
그래뉼러당 … 50g

**1** 달걀노른자는 알끈을 제거한다. 달걀을 유리 볼에 넣고 그래뉼러당을 넣자마자 거품기로 섞는다. 하얗게 될 때까지 거품기로 바닥을 비비며 섞어준다.

**3** 냄비에 물을 끓인다. 볼 바닥이 끓는 물에 직접 닿으면 온도가 너무 올라가므로 증기만 닿을 정도로 물의 양을 조절한다.

**5** 전체가 폭신하고 매끈한 크림 형태가 되면 냄비에서 내린다.

**2** 1에 화이트와인을 넣고 섞는다.

**4** 볼을 냄비에 올린다. 바닥의 달걀물이 굳지 않도록 온도에 주의하며 거품기로 고루 젓는다.

\* 폭신한 크림소스라 모양이 유지되지 않기 때문에 샌드위치에는 적합하지 않습니다. 오래 보관할 수 없으니 1회분만 만들어 모두 사용하세요.

\* 커스터드 크림과 마찬가지로 크림 샹티이, 마스카르포네와 섞어서 응용할 수 있습니다.

# 달걀에 관한 기초 지식

달걀은 매일 먹는 식사에 빼놓을 수 없는 친근한 재료지만, 생각보다 모르는 점도 많습니다.
여기서는 달걀과 빵을 조합하기 전에 알아두면 좋은 기초 지식을 소개합니다.

## 달걀의 구조

단단한 달걀 껍데기 안쪽에는 얇은 난각막이 있고, 그 속에 흰자와 노른자가 들어 있습니다. 달걀 껍데기에는 작은 구멍이 아주 많습니다. 달걀을 냄새가 강한 재료 근처에 두면 이 기공으로 냄새를 흡착하기 때문에 보관할 때 주의해야 합니다. 반대로 이런 성질을 살려서 트러플과 날달걀을 함께 보관해 향을 배게 한 트러플 달걀이나 삶은 달걀을 껍데기째 소금물에 담가서 짭조름한 맛이 스며들게 하는 요리도 있습니다.
흰자는 걸쭉한 농후 난백과 묽은 수양 난백, 알끈으로 나뉩니다. 신선한 달걀은 흰자가 봉긋하게 솟아 있는데, 산란 후 며칠이 지나면 수양 난백의 비율이 증가해서 깼을 때 살짝 가라앉습니다. 포치드 에그를 만들 때는 농후 난백이 많아야 잘 뭉치로 되도록 신선한 달걀을 쓰는 것이 좋습니다. 노른자도 흰자와 마찬가지로 신선할수록 봉긋하게 솟아오릅니다.
알끈은 노른자에 붙어 있는 하얀 끈으로, 노른자를 달걀 가운데에 고정하는 역할을 합니다. 주성분은 단백질인데, 시알산이라는 항암물질이 들어 있다고 합니다. 맛국물 달걀말이나 커스터드 크림처럼 매끈한 질감의 요리를 만들 때 이외에는 그대로 먹는 것이 좋겠지요.

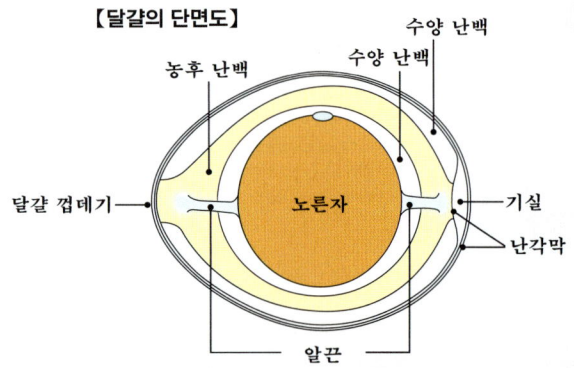

【달걀의 단면도】

## 달걀의 영양

어미 닭이 낳은 달걀에서는 원래 병아리가 태어나지요. 달걀은 새 생명이 탄생하기 위한 영양소가 가득해서 '완전식품'이라 불릴 정도로 영양가가 높습니다.
단백질, 지방, 비타민, 미네랄이 풍부하게 들어 있는데, 그중에서도 단백질인 '필수아미노산'의 구성이 뛰어납니다. 필수아미노산은 체내에서 충분히 합성할 수 없어서 반드시 식품으로 섭취해야 합니다. 그 외에 칼슘, 철분, 마그네슘, 아연, 인도 균형 있게 들어 있어 달걀 한 개만으로도 많은 영양소를 섭취할 수 있습니다. 가격이 저렴하고 조리법이 다양한 달걀은 매일 챙겨 먹기 좋은 식품이랍니다.

## 보관하기

슈퍼마켓에서는 실온 상태로 판매하기도 하지만, 가정에서는 온도 관리를 제대로 할 수 있도록 냉장 보관하는 편이 좋습니다. 달걀의 상미 기한으로 표기된 날짜는 생식용 기한인 경우가 많으므로 가열 조리하면 상미 기한이 조금 지난 후에 먹어도 별문제가 없습니다.
달걀은 기본적으로 깨끗이 세척된 상태로 출하하므로 집에서 씻을 필요는 없습니다. 팩에 들어 있는 달걀은 껍데기의 뾰족한 부분이 아래로 가게 포장되어 있습니다. 뾰족한 부분은 단단해서 운송 중에 깨지지 않기 때문이지요. 팩에서 꺼내서 보관할 때도 같은 방향으로 놓아두는 것이 좋아요.

## 조리하기

달걀을 조리하기 전에 알아두면 좋은 3가지 대표적 특성입니다.

① 응고성
가열하면 굳는 특성으로 삶은 달걀이나 달걀 프라이와 같은 기본 달걀 요리는 이런 성질을 이용해 만듭니다.

② 기포성
섞으면 거품이 생기는 특성으로, 특히 흰자는 폭신하게 거품이 올라옵니다. 머랭이나 과자를 만들 때 자주 이용합니다.

③ 유화성
잘 섞이지 않는 서로 다른 액체(유분과 수분) 중 하나의 입자를 아주 작게 만들어서 다른 쪽으로 분산시키는 것을 유화라고 합니다. 노른자의 단백질에 들어 있는 레시틴이라는 성분에는 반발하는 2가지 성질(친유성과 친수성)을 중화하는 기능이 있어서 이를 이용해 마요네즈와 올랑데즈를 만듭니다.

달걀 요리는 이 3가지 특성 중 하나 또는 몇 가지를 조합해서 만듭니다.

달걀을 가열 조리할 때 알아두면 좋은 또 한 가지는 노른자와 흰자가 굳는 온도의 차이입니다. 흰자는 58℃부터 굳기 시작하고, 완전히 굳는 온도는 80℃ 전후입니다. 노른자는 65~70℃를 유지하면 굳습니다. 삶은 달걀, 포치드 에그, 달걀 프라이의 노른자를 반숙으로 만들거나 스크램블드에그를 걸쭉하게 만들고 싶다면 굳는 온도에 신경 써서 조리해보세요.

## 달걀 Q&A

### 달걀은 하루에 한 개만 먹어야 하나요?

A 달걀에는 콜레스테롤이 많아 예전에는 하루 권장 섭취량이 한 개였습니다. 콜레스테롤은 건강에 나쁘다는 인식이 있지만, 사람의 몸에 꼭 필요한 영양소이자 세포막과 호르몬의 구성 성분입니다. 또한, 달걀에는 콜레스테롤을 제거하는 레시틴도 들어 있어 하루에 세 개 정도까지는 혈중 콜레스테롤 수치에 거의 영향을 주지 않는다는 사실이 밝혀졌으니 안심하고 먹어도 됩니다. 달걀에는 비타민 C와 식이섬유가 없지만 채소와 함께 샌드위치를 만들어 먹으면 영양 균형이 좋아집니다.

### 노른자의 색이 진할수록 영양가가 많은가요?

A 노른자의 색은 닭에게 주는 사료의 영향을 받는 것이라 영양소, 신선도와는 관련이 없습니다. 예를 들어 옥수수가 많이 든 사료를 먹인 닭의 달걀노른자는 레몬색이고, 파프리카나 갑각류가 많이 든 사료를 먹이면 붉은빛이 강해집니다. 또한, 갈색 달걀과 흰색 달걀 같은 껍데기의 색도 영양가가 아닌 닭의 품종에 따른 차이입니다.

# 달걀 요리 도구

빵과 달걀로 만드는 샌드위치, 빵에 어울리는 달걀 요리를 맛있고 깔끔하게 만들려면 전용 조리 도구가 필요하기도 합니다. 이 책에서 사용하는 조리 도구 몇 가지와 의외로 유용한 아이템을 소개합니다. 목적에 맞게 구비해두면 좋아요.

**달걀 천공기**

삶은 달걀의 껍데기를 쉽게 벗기게 해주는 도구로, 움푹 들어간 자리에 달걀의 둥근 부분을 대고 누르면 껍데기에 작은 구멍이 난다. 달걀의 기실에 구멍을 내면 껍데기와 그 안쪽에 있는 난각막 사이에 공기가 들어가 난각막과 흰자가 쉽게 분리된다. 달걀 껍데기를 살살 두드려 금이 가게 하거나 압정으로 구멍을 내도 같은 효과를 볼 수 있다.

**밀크 팬**

달걀을 몇 개만 삶을 때는 자그마한 편수 냄비가 쓰기 편하다. 이 책에서는 달걀을 6개까지 삶기 적당한 1.3ℓ 용량의 밀크 팬을 사용한다. 냄비가 크면 물을 끓이고 달걀을 삶는 시간이 길어진다. 뜨거운 물을 버리고 찬물을 받아 달걀을 급랭시킬 때도 자그마한 냄비가 작업하기 수월하다. 달걀을 한 번에 많이 삶을 때는 양에 맞는 크기의 냄비로 바꿔준다.

**에그 타이머**

달걀을 삶을 때 냄비에 함께 넣는다. 온도에 따라 빨간 부분의 색이 변하면서 얼마나 삶겼는지 알려준다. 시간을 재지 않아도 눈으로 확인할 수 있어 편리하며, 완숙으로 삶을 때 실패가 적다. 반숙으로 만들고 싶을 때는 정도에 따라 눈금보다 조금 일찍 꺼내는 식으로 조절한다.

**체 망**

이 책에서는 달걀 샐러드를 만들 때 4메시 (6.35㎜), 12메시(2.0㎜) 망만 사용한다(12, 48~49쪽 참조). 체는 보통 망을 틀에 끼워 사용하는데, 망만 분리해서 볼에 올리고 삶은 달걀을 눌러주면 큰 힘을 들이지 않고도 으깰 수 있다.

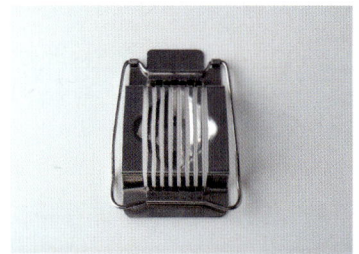

**에그 슬라이서**

달걀 샌드위치를 만들 때 꼭 필요한 도구로, 삶은 달걀을 빠르고 균일하게 자를 때 쓴다 (이 책에서는 6㎜ 두께의 제품을 사용). 가로로 얇게 써는 용도지만 방향과 각도를 바꿔서 세 방향으로 눌러주면 주사위 모양으로 자를 수 있어(12쪽 참조) 달걀 샐러드를 만들 때도 사용한다. 와이어의 접속 부분에 이물질이 끼기 쉬우므로 청결하게 관리해야 한다.

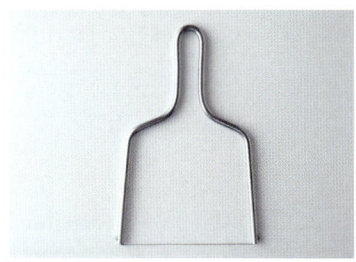

**와이어 치즈 커터**

삶은 달걀을 칼로 자르면 노른자가 칼날에 붙어서 흐트러지기 쉽다. 이때는 와이어 치즈 커터를 쓰면 편리하다. 스테인리스 와이어는 노른자에 들러붙지 않아 매끈하게 잘린다. 반숙도 비교적 깔끔하게 자를 수 있다. 무명실로 대체할 수도 있지만, 위생을 생각하면 와이어가 좋다.

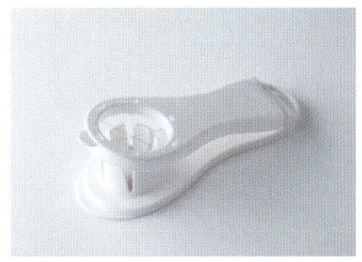

**세로형 에그 커터(6분할 타입)**

삶은 달걀을 특정한 모양으로 자를 일이 많다면 목적에 맞는 전용 커터를 준비하면 좋다. 3선 세로 커터로는 달걀을 6조각의 웨지 모양으로 자를 수 있다. 와이어 치즈 커터를 써도 좋지만, 이 도구로는 한 번에 자를 수 있어 실패할 염려가 없다. 선 한 개로 반을 자르는 제품도 있다.

**달걀 분리기**

달걀의 노른자와 흰자를 분리할 때 사용한다. 움푹 들어간 부분에 달걀을 깨 넣으면 흰자가 아래로 흘러내리고 노른자만 위에 남는다. 가장자리를 볼에 걸치면 여러 개의 달걀을 분리할 때 양손을 쓸 수 있어서 편리하다.

**달걀말이 팬**

이 책에서는 달걀말이와 맛국물 달걀말이뿐만 아니라 오믈렛도 샌드위치용으로 달걀말이 팬에 굽는다. 가장 작은 팬을 쓰면 식빵에 맞는 크기로 만들 수 있다. 구리 재질의 달걀말이 팬은 열전도율이 높아서 빨리 익고, 폭신하게 잘 구워지는 것이 장점이다. 갖춰두면 오래 쓸 수 있다.
(구리 재질, 직사각형, 108×204×높이 95mm)

**수란 메이커**

포치드 에그를 만들 때 물을 끓인 냄비에 넣어 사용한다. 컵 부분에 달걀을 떨어뜨리면 흰자가 자연스럽게 뭉친다. 아래에 있는 구멍으로 끓는 물이 구석구석 잘 흐르도록 설계되어 삶는 동안 달걀을 휘젓지 않아도 고루 익는다. 포치드 에그를 소량 만들 때 편리하다.

**수란 메이커(4구)**

유럽에서 옛날부터 사용해온 포치드 에그용 도구. 물을 끓인 냄비에 넣고 움푹 들어간 자리에 달걀을 깨 넣는다. 여러 개를 한꺼번에 만들 때 편리하다. 윗면이 불소 수지로 코팅된 제품, 실리콘으로 만든 제품, 냄비와 세트로 구성된 제품도 있다.

**에그 토퍼**

달걀 껍데기를 깔끔하게 깰 수 있는 도구. 달걀을 뾰족한 부분이 위로 향하게 에그 스탠드에 올려놓고 캡을 씌운다. 캡 부분을 살짝 누른 채 손잡이의 탄성을 이용해서 토퍼로 달걀 윗부분을 치면 금이 간다. 반생 달걀(96쪽 참조)을 깨거나 달걀 껍데기를 그릇으로 쓸 때(97쪽 참조) 사용한다.

**달걀 프라이 링**

달걀을 머핀이나 햄버거용으로 동그랗게 구울 때 사용한다. 틀을 프라이팬에 올리고 그 속에 달걀을 깨 넣어 굽는다. 틀 안쪽에 미리 기름을 발라두면 프라이가 쉽게 분리된다. 무스 링으로 대체할 수도 있지만, 달걀 프라이 링은 손잡이가 뜨거워지지 않아 다루기 편리하다.

**에그 스트레이너**

스테인리스 재질의 고운체. 맛국물 달걀말이나 커스터드 크림을 만들 때 달걀을 거르는 도구로 사용한다. 손잡이를 냄비나 볼 가장자리에 걸칠 수 있어 편리하다. 크기는 작지만 맛국물이나 수프를 거를 때도 간편하게 쓸 수 있다.

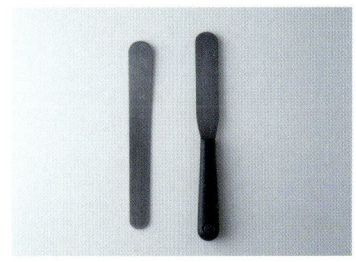

**앙금 주걱 & 버터나이프**

샌드위치를 만들 때 빵에 버터나 달걀 샐러드를 바르는 도구. 앙금 주걱(왼쪽)은 빵 반죽에 소를 넣을 때 사용하는데, 숟가락보다 편리하다. 모양이 단순해서 위생적이고 재료를 균일하게 바를 수 있어 좋다. 손잡이가 있는 버터나이프(오른쪽)를 쓴다면 자그마한 제품이 편리하다.

# 샌드위치의 기본 채소 다루는 법

채소 손질은 샌드위치의 완성도를 크게 좌우합니다. 여기서는 샌드위치에 사용되는 기본 채소인 양상추, 토마토, 오이 손질법을 소개합니다. B.E.L.T. 샌드위치(150쪽 참조), 달걀 샐러드 오이 통밀빵 샌드위치(54쪽 참조)를 만들 때 꼭 알아두어야 할 포인트입니다. 그 외에도 다양한 샌드위치에 활용할 수 있어요.

### 양상추 손질법

잎채소는 신선한 식감을 살리기 위해 물기를 완전히 제거하는 것이 중요합니다. 생채 상추, 적상추도 같은 방법으로 손질하세요. 양상추를 빵 사이에 많이 넣을 때는 찢지 않고 큰 잎 그대로 사용하는 것이 좋습니다. 접어서 넣으면 흐트러지지 않고 볼륨이 생겨요.

1 작은 칼로 심을 도려내고 잎을 한 장씩 조심스럽게 벗겨서 씻는다.

3 키친타월로 눌러 남은 수분을 마저 제거한다.

5 양상추가 흐트러지지 않고 깔끔하게 잘린 단면.

2 찬물에 담가 아삭아삭하게 만든 다음, 채소 탈수기※로 물기를 완전히 제거한다.

4 빵 크기에 맞게 접고 손바닥으로 두드려 모양을 잡는다.

※채소 탈수기
잎채소는 물기 제거가 필수. 원심력으로 수분을 날려서 아삭한 식감을 살려준다.

### 토마토 손질법

토마토는 수분이 많아서 빵이 눅눅해질까 신경 쓰이는 재료입니다. 꼼꼼한 손질과 빵 사이에 넣는 순서(빵에 직접 닿지 않게 할 것)가 포인트예요. 미리 소금을 뿌려두면 수분이 빠지는 동시에 맛도 더욱 살아납니다.

1 작은 칼로 꼭지를 도려내고 깨끗이 씻는다. 윗면의 수분을 키친타월로 닦아내고, 원하는 두께로 썬다.

2 배트에 키친타월을 깔고 그 위에 1을 늘어놓은 다음, 소금을 약간 뿌려둔다.

3 빵 사이에 넣기 전에 한 번 더 키친타월로 눌러서 수분을 제거한다.

## 오이 손질법과 빵 사이에 넣는 법

오이는 썰고 빵 사이에 넣는 법에 따라 완성품의 인상이 크게 달라집니다. 슬라이서를 사용하면 깔끔하게 썰 수 있어요. 소금, 백후추, 식초에 살짝 절이면 세련된 맛이 납니다. 조합하는 재료에 따라 그대로 사용할지 절여서 사용할지 정해보세요.

**1** 오이는 씻어서 양 끝을 잘라내고 반으로 자른다. 슬라이서※를 이용해 2mm 두께로 얇게 썬다. 2의 절임 과정을 생략하고 3으로 넘어가도 된다.

**3** 도마에 키친타월을 깔고 오이를 세로 방향으로 조금씩 겹쳐가며 늘어놓는다. 빵 너비에 맞춰 균일하게 쌓는다. 키친타월로 눌러 남은 수분을 제거한다.

**5** 진한 녹색과 연한 녹색의 대비가 예쁘게 드러난다.

**2** 배트에 넣고 소금, 백후추를 고루 뿌린다. 화이트와인 비니거를 약간 끼얹어 약 10분간 둔다. 도중에 오이를 뒤집어주면 맛이 고루 밴다.

**4** 늘어놓은 모양 그대로 빵에 올린다. 빵을 자를 때는 오이의 방향과 직각으로 자른다.

※**슬라이서**
두께를 조절할 수 있는 슬라이서는 오이 샌드위치에 꼭 필요한 도구. 빠르고 균일하게 자를 수 있다.

## 빵 사이에 넣는 순서

B.L.T. 샌드위치로 예를 들어 빵 사이에 재료를 넣는 순서를 생각해봅시다. 우선 수분이 많은 재료가 빵에 직접 닿지 않아야 합니다. 또, 생채소끼리 직접 겹치면 미끄러지기 쉬우므로 사이에 소스를 발라서 붙여줍니다. 소스 덕분에 채소의 맛도 살아나요. 이 점을 참고하여 아래부터 빵(+버터), 베이컨, 토마토, 소스, 양상추, 빵(+버터) 순으로 쌓으면 됩니다.

수분이 많은 재료는 빵에 닿지 않게, 토마토와 양상추 사이에는 소스를 발라서 서로 붙여준다.

02

# 달걀을 빵 사이에 넣으면 맛있어

# 삶은 달걀 ✕ 식빵

굵은체로 만드는
## 기본 달걀 샐러드 샌드위치

**굵은체**

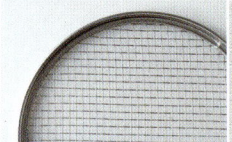

굵은체 망을 사용하여 만든 달걀 샐러드는 삶은 달걀의 존재감이 드러나면서도 먹기 편한 기본 메뉴입니다. 여기서는 눈 크기가 6.35mm로 체 망 중에서 가장 큰 4메시를 사용했습니다. 일반적인 에그 슬라이서의 폭은 6mm이므로 에그 슬라이서를 이용해 3방향으로 잘라도 거의 비슷하게 만들 수 있습니다.

> 고운체로 만드는

## 매끈한 달걀 샐러드 샌드위치

**고운체**

고운체 망을 사용하면 매끈하고 고급스러운 식감의 달걀 샐러드를 만들 수 있습니다. 여기서는 눈 크기가 2.0㎜인 12메시를 사용했는데, 눈이 작을수록 맛이 부드러워집니다. 흰자가 씹히는 식감이 덜하고 크리미하지요. 손으로 직접 다진다면 흰자와 노른자를 나눠서 꼼꼼히 썰어주세요.

# 삶은 달걀 ✕ 식빵

## 기본 달걀 샐러드 샌드위치

심플한 달걀 샐러드 샌드위치는 달걀 샐러드를 바르는 법이나 달걀 샐러드와 식빵 두께의 균형에 따라 식감이 크게 달라집니다. 기본 달걀 샐러드를 적당한 두께의 식빵 사이에 불룩하게 넣어 푸짐한 샌드위치를 만들어보세요.

**재료(1개 분량)**
사각 식빵(통 식빵을 8장으로 자른 것) … 2장
기본 달걀 샐러드
(굵은체에 으깬 것, 10~13쪽 참조) … 80g

**기본 달걀 샐러드 만드는 법**
완숙 삶은 달걀 2개를 굵은체에 눌러 으깨고 소금과 백후추로 밑간한 다음, 마요네즈 16g을 넣고 섞는다.

**1.** 기본 달걀 샐러드를 사각 식빵에 올린다. 가운데가 높이 솟도록 수북하게 쌓아준다.

**2.** 식빵을 손바닥 위에 올려놓고 손을 살짝 오므려서 달걀 샐러드를 바른다. 주걱으로 달걀 샐러드를 가운데에서 네 귀퉁이를 향해 가볍게 눌러주면 자연스럽게 불룩한 모양으로 바를 수 있다. 테두리에서 10mm 정도 안쪽까지만 바른다. 이렇게 하면 테두리를 자를 때 달걀 샐러드가 흐르지 않고, 가운데가 두툼해서 푸짐하다.

**3.** 남은 식빵 1장을 마저 덮고 테두리를 잘라낸 다음, 3등분한다. 모양이 좌우 대칭을 이루어야 예쁘기 때문에 이보다 더 작게 자르는 것은 적합하지 않다.

# 매끈한 달걀 샐러드 샌드위치

삶은 달걀을 잘게 다져 매끈하게 만든 달걀 샐러드는 얇은 식빵에 잘 어울립니다. 테두리까지 균일한 두께로 바르면 빵과 달걀 샐러드가 평행을 이룬 단면이 예쁘고, 어느 쪽을 먹어도 균형이 잘 잡힌 고급스러운 맛이 납니다.

**재료(1개 분량)**
사각 식빵(통 식빵을 10장으로 자른 것) … 2장
매끈한 달걀 샐러드
(고운체에 으깬 것, 10~13쪽 참조) … 60g

**매끈한 달걀 샐러드 만드는 법**
완숙 삶은 달걀 2개를 고운체에 눌러 으깨고 소금과 백후추로 밑간한 다음, 마요네즈 16g을 넣고 섞는다.

1. 매끈한 달걀 샐러드를 사각 식빵에 올린다.

2. 달걀 샐러드를 식빵에 바른다. 식빵을 도마 위에 올려놓고 달걀 샐러드를 균일한 두께로 테두리까지 꼼꼼히 펴 바른다.

3. 남은 식빵 1장을 마저 덮고 테두리를 잘라낸 다음, 3등분한다. 식빵의 테두리까지 달걀 샐러드가 균일하게 발려 있으므로 더 작게 잘라도 균형이 유지된다.

## 삶은 달걀 ✕ 식빵

> 손으로

**대강 썬
달걀 샌드위치**

주방용 칼

> 에그 슬라이서로

**둥글게 자른
달걀 샌드위치**

에그 슬라이서

## 대강 썬 달걀 샌드위치

삶은 달걀을 큼직하게 썰어서 존재감을 강조한 달걀 샐러드는 기본 달걀 샐러드 샌드위치와 마찬가지로 가운데 부분의 불룩한 두께를 살려주세요. 두꺼운 식빵 사이에 넣으면 식감과 맛이 균형을 이룹니다.

**재료**(1개 분량)
사각 식빵(통 식빵을 6장으로 자른 것) … 2장
대강 썬 달걀 샐러드
(10~13쪽 참조) … 120g

**대강 썬 달걀 샐러드 만드는 법**
완숙 삶은 달걀 2개를 칼로 대강 썰고 소금, 백후추로 밑간한 다음, 마요네즈 25g을 넣고 섞는다.

1. 식빵을 손바닥 위에 올려놓고 손을 살짝 오므려서 대강 썬 달걀 샐러드를 올린다. 주걱으로 달걀 샐러드를 가운데에서 네 귀퉁이를 향해 가볍게 눌러준다. 달걀을 크게 썰어서 잘 퍼지지 않으므로 식빵을 뭉개지 않도록 힘을 조절한다. 샐러드와 빵의 틈새를 메우는 느낌으로 살짝 누르듯이 바른다.

2. 테두리에서 10mm 정도 안쪽까지만 바른다. 테두리를 자를 때 식빵이 눌리면서 가장자리에도 달걀 샐러드가 조금씩 자리를 잡는다. 가운데가 두툼해서 푸짐하다.

3. 남은 식빵 1장을 마저 덮고 테두리를 잘라낸 다음, 반으로 자른다. 달걀을 듬뿍 넣어서 식감이 풍성하고 재료의 맛이 두드러진다.

## 둥글게 자른 달걀 샌드위치

에그 슬라이서로 얇게 자른 삶은 달걀을 샐러드로 만들지 않고 그대로 빵 사이에 넣습니다. 얇은 식빵에 마요네즈를 듬뿍 바르는 것이 포인트예요. 입안에서 완성되는 담백한 맛이 매력적이랍니다.

**재료**(1개 분량)
사각 식빵(통 식빵을 12장으로 자른 것) … 2장
완숙 삶은 달걀(10~11쪽 참조) … 1개
마요네즈 … 12g
소금, 백후추 … 약간

1. 에그 슬라이서로 완숙 삶은 달걀을 얇게 자른다. 사각 식빵 한 장에 준비한 마요네즈를 반씩 바르고 달걀을 늘어놓는다.

2. 노른자가 큰 중심 부분을 식빵 가운데에 놓고, 노른자가 작은 부분을 귀퉁이 네 군데에 늘어놓는다. 흰자만 있는 부분을 빈 곳에 놓는다. 달걀 위에 소금, 백후추를 살짝 뿌린다.

3. 남은 식빵 1장을 마저 덮는다. 테두리를 잘라내고 대각선 방향으로 4등분한다. 얇게 자른 식빵과 얇게 자른 달걀의 심플한 조합으로, 식빵과 달걀 각각의 개성이 돋보인다.

# 삶은 달걀 ✕ 식빵 + 재료 응용하기

## 달걀 샐러드 오이 통밀빵 샌드위치

기본 달걀 샐러드에 채소 한 가지를 추가한다면 오이부터 시도해보세요. 신선하고 아삭한 식감이 어우러져서 개운하고 뒷맛도 산뜻하답니다. 달걀 샐러드와 오이만 넣은 조합에서 오이의 모양, 추가할 재료, 빵의 종류와 두께를 바꿔 다양하게 재구성해볼 수 있습니다.

여기서는 오이를 화이트와인 비니거, 소금, 백후추에 살짝 절여서 은은한 새콤함을 더하고 고급스러운 맛을 냈습니다. 소박한 향의 구수한 통밀빵에 조합하면 담백하면서도 인상적인 맛이 납니다.

**재료(1개 분량)**

- 통밀 식빵(통 식빵을 12장으로 자른 것) … 2장
- 무염 버터 … 6g
- 기본 달걀 샐러드(50쪽 참조) … 50g
- 오이(2mm 두께로 얇게 자른 것) … 40g
- 화이트와인 비니거 … 약간
- 소금 … 약간
- 백후추 … 약간

**만드는 법**

1. 오이를 배트에 넣고 소금, 백후추를 고루 뿌린다. 화이트와인 비니거를 끼얹어 약 10분간 절인다. 도중에 오이를 뒤집어서 맛이 고루 배게 한다.
2. 통밀 식빵의 한쪽 면에 무염 버터를 반씩 바른다.
3. 1을 키친타월로 눌러서 남은 수분을 제거하고 식빵 위에 늘어놓는다.
4. 남은 식빵 1장에 기본 달걀 샐러드를 발라 3과 합친다.
5. 테두리를 잘라내고 3등분한다.

*손이 가는 건강한 맛!*

# 달걀 샐러드 오이 호밀빵 샌드위치

속에 넣는 재료는 통밀빵 샌드위치와 같지만 여기서는 캐러웨이 씨가 든 호밀빵을 사용했습니다. 호밀 특유의 시큼함과 캐러웨이의 산뜻함이 살아나도록 달걀 샐러드에 사워크림을 넣었습니다. 오이는 절이지 않고 사용하며, 호밀 식빵의 한쪽 면에는 크림치즈를 발라서 감칠맛과 신맛을 더했습니다. 식빵을 3장 사용해서 달걀 샐러드, 오이, 빵 각각의 존재감이 제대로 드러납니다. 한 입에 재료 각각의 개성을, 두 입에 재료가 어우러지는 변화를 꼭꼭 씹으며 천천히 즐겨보세요.

### 재료(1개 분량)

호밀 식빵(통 식빵을 12장으로 자른 것) … 3장
사워크림 달걀 샐러드(14쪽 참조) … 50g
오이(2mm 두께로 얇게 자른 것) … 50g
무염 버터 … 9g
크림치즈 … 8g
소금 … 약간
백후추 … 약간

### 만드는 법

1. 호밀 식빵 2장의 한쪽 면에 무염 버터를 3g씩 바른다.
2. 1의 식빵 2장 사이에 사워크림 달걀 샐러드를 넣는다.
3. 2의 위에 남은 무염 버터를 바르고 오이를 늘어놓는다. 오이 위에 소금과 백후추를 살짝 뿌린다.
4. 남은 식빵의 한쪽 면에 크림치즈를 바르고 3과 합친다.
5. 테두리를 잘라내고 3등분한다.

산뜻함이 Good!

# 삶은 달걀 ✕ 식빵 + 재료 응용하기

## 대강 썬 오이를 넣은 달걀 샐러드 샌드위치

파리의 오래된 빵집에서 본 오이를 넣은 달걀 샌드위치에서 아이디어를 얻어 굵직하게 썬 오이를 과감하게 듬뿍 넣어봤습니다.
빵에 바른 크림치즈가 수분이 스며드는 것을 막아주고 감칠맛도 더해줍니다. 만들어서 바로 먹는다면 오이에 밑간을 하지 말고 신선하게 즐겨보세요. 수분이 신경 쓰인다면 씨를 제거하고 소금에 주물러 여분의 물기를 꽉 짠 후 달걀 샐러드와 섞으면 됩니다.

### 재료(1개 분량)

사각 식빵(통 식빵을 5장으로 자른 것) … 2장
크림치즈 … 10g
사워크림 달걀 샐러드(14쪽 참조) … 70g
오이 … 30g
소금 … 약간
백후추 … 약간

### 만드는 법

1. 오이는 대강 썰어 소금을 넣고 주무른다. 씨를 제거하려면 오이를 세로로 잘라 가운데를 숟가락으로 긁어낸 후 대강 썬다.
2. 사워크림 달걀 샐러드와 1을 섞어서 소금, 백후추로 간한다.
3. 사각 식빵의 한쪽 면에 크림치즈를 반씩 바르고, 사이에 2를 넣는다.
4. 테두리를 제거하고 반으로 자른다.

아작아작한 오이!

## 달걀 & 치킨 스틱 채소 샌드위치

찐 닭고기를 넣은 달걀 샐러드와 큼직하게 썬 스틱 채소를 조합한 샐러드 샌드위치는 채소의 아삭아삭한 식감과 동양적인 소스의 맛이 의외로 잘 어우러집니다. 자른 면의 모양새도 매력적이지요. 차갑게 먹으면 채소의 식감이 살아나서 더운 계절에 특히 좋습니다.

참깨 드레싱에 깨를 듬뿍 갈아 넣은 소스는 촉촉하면서도 잘 흘러내리지 않는 것이 장점입니다. 드레싱에 가루 재료를 섞은 소스는 샌드위치 소스로 무한한 가능성을 지니고 있답니다.

**재료(1개 분량)**
사각 식빵(통 식빵을 6장으로 자른 것) … 2장
무염 버터 … 6g
기본 달걀 샐러드(50쪽 참조) … 60g
닭고기 찜※ … 40g
스틱 채소(오이·당근·무, 12㎜×8㎝) … 2개씩
참깨 소스 … 15g
(참깨 드레싱과 참깻가루를 10:3 비율로 섞은 것)
생채 상추 … 7g
소금 … 약간
백후추 … 약간
참깻가루 … 약간

**만드는 법**
1. 닭고기는 결대로 잘게 찢어 소금, 백후추를 뿌린 다음, 기본 달걀 샐러드에 넣고 섞는다.
2. 사각 식빵의 한쪽 면에 무염 버터를 반씩 바른다. 식빵에 생채 상추를 올린다. 그 위에 1을 올리고 참깨 소스를 가운데에 끼얹는다.
3. 2에 스틱 채소를 늘어놓고 남은 식빵 1장을 덮는다.
4. 테두리를 제거하고 반으로 자른다. 참깻가루를 뿌려 마무리한다.

※닭고기 찜(만들기 편한 분량)
닭가슴살 1개를 넓게 포 떠서 얇은 2장으로 만든다. 내열 그릇에 넣고 양면에 소금, 백후추를 뿌린 다음, 청주를 약간 끼얹는다. 얇게 썬 생강 1쪽과 대파의 파란 부분을 올리고 랩을 살짝 씌워 500W의 전자레인지에서 약 3분 30초간 가열한다. 꺼내서 랩을 씌운 상태로 잠시 두어 남은 열로 마저 익힌다.

아삭아삭한 채소!

# 삶은 달걀 × 식빵 + 재료 응용하기

## 달걀 & 콘 샐러드 샌드위치

기본 메뉴를 어떻게 응용할지 감이 안 온다면 재료와 조미료를 더하고 빼는 방법을 생각해보세요. 같은 재료라도 빵 사이에 따로따로 넣을 때와 달걀 샐러드에 섞어 넣을 때 샌드위치 맛에 주는 영향이 달라집니다. 색감을 고려해서, 비슷한 색의 재료와 어우러지게 하거나 대비되는 색을 첨가해 다채롭게 만들 수도 있어요.
여기서는 달걀과 같은 계열의 색인 옥수수를 넣었습니다. 색이 비슷해서 구분되지 않기에 옥수수의 톡톡 터지는 식감과 단맛이 생각지 못한 즐거움을 준답니다.

**재료(1개 분량)**

사각 식빵(통 식빵을 8장으로 자른 것) … 2장
무염 버터 … 6g
꿀 … 4g
기본 달걀 샐러드(50쪽 참조) … 65g
옥수수 통조림(물기를 뺀 것) … 35g
흑후추 … 약간

**만드는 법**

1. 사각 식빵의 한쪽 면에 무염 버터를 반씩 바른다. 1장에는 버터 위에 꿀을 바른다.
2. 기본 달걀 샐러드에 옥수수 통조림과 굵게 간 흑후추를 넣고 섞어 1의 사이에 넣는다.
3. 대각선 방향으로 4등분하고 굵게 간 흑후추를 뿌려 마무리한다.

\* 옥수수의 단맛을 살리기 위해 식빵에 꿀을 발라줍니다. 흑후추를 굵게 갈아 포인트를 주면 달기만 한 맛이 아니라 어른스러운 맛이 납니다. 여기서는 옥수수 통조림을 사용했지만, 여름에는 갓 쪄낸 옥수수를 듬뿍 넣어보세요.

톡톡 터지는 단맛!

## 달걀조림 샌드위치

얼핏 보면 평범한 달걀 샌드위치 같지만 먹어보면 깜짝 놀라요. 맛국물의 향 덕분에 정겨운 맛이 나거든요. 부드러운 식빵이라면 조금 두툼하게 잘라서 만드세요. 두툼한 식빵이 맛국물과 간장 맛이 강한 달걀조림을 중화해줍니다. 겨자를 살짝 바르면 알싸한 맛이 포인트가 돼요.

메뉴를 개발할 때 '참신한 조합'을 어렵게 생각하는 경향이 있는데, 늘 먹는 음식을 연구하며 떠오른 아이디어가 히트 상품으로 이어지기도 한답니다.

**재료(1개 분량)**
사각 식빵(통 식빵을 5장으로 자른 것) … 2장
무염 버터 … 6g
달걀조림 샐러드(15쪽 참조) … 100g
겨자 … 1g

**만드는 법**
1. 사각 식빵의 한쪽 면에 무염 버터를 반씩 바른다. 1장에는 버터 위에 겨자를 바른다.
2. 1의 식빵 2장 사이에 달걀조림 샐러드를 넣는다.
3. 테두리를 잘라내고 3등분한다.

동양적인 맛국물 향!

* 달걀조림 샐러드에는 고수도 잘 어울려요. 다져서 토핑하거나 샐러드와 섞어서 빵 사이에 넣으면 더 맛있어집니다.

## 삶은 달걀 ✕ 식빵 + 재료 응용하기

### 허브 달걀 & 새싹 샐러드 샌드위치

샌드위치는 먹는 상황에 따라 어울리는 레시피가 다릅니다. 칼로리가 필요한 푸짐한 식사 대용 샌드위치와 티타임에 가볍게 먹는 샌드위치는 빵의 두께, 재료의 양, 어울리는 맛이 당연히 서로 다르겠지요.
얇은 식빵에 부드러운 재료를 넣은 샌드위치는 영국식 티 샌드위치가 대표적입니다. 마요네즈에 허브와 사워크림을 넣어 만드는 허브 달걀 샐러드는 삶은 달걀을 잘게 으깨서 매끈하게 완성합니다. 얇은 식빵 사이에 샐러드를 적당히 넣으면 우아함이 돋보여요.

**재료(1개 분량)**
- 사각 식빵(통 식빵을 12장으로 자른 것) ⋯ 2장
- 크림치즈 ⋯ 14g
- 허브 달걀 샐러드※ ⋯ 60g
- 브로콜리 새싹 ⋯ 10g
- 소금 ⋯ 약간
- 백후추 ⋯ 약간

**만드는 법**
1. 사각 식빵 1장에 크림치즈를 바르고 소금, 백후추를 뿌린다.
2. 다른 식빵 1장에 허브 달걀 샐러드를 바르고 브로콜리 새싹을 올린다.
3. 2와 1을 합치고 테두리를 잘라낸 다음, 대각선 방향으로 4등분한다.

※**허브 달걀 샐러드**
(매끈한 달걀 샐러드〈51쪽 참조〉를 응용)
완숙 삶은 달걀 2개(10~13쪽 참조)를 고운체(12메시)로 으깨서 소금, 백후추로 밑간한 다음, 사워 마요네즈 소스(35쪽 참조) 20g을 넣고 섞는다.

고급스러운 신맛!

# 허브 달걀 & 햄 믹스 샌드위치

허브 향을 더한 달걀 샐러드는 산뜻한 신맛이 나서 통밀 식빵의 소박한 향과 잘 어울립니다. 질 좋은 햄, 버터헤드 상추와 색도 자연스럽게 어우러져 매력적이에요. 버터헤드 상추의 선명한 색과 은은한 단맛이 단순한 조합에 감초 역할을 톡톡히 합니다. 잎채소도 양상추, 생채 상추, 적상추, 버터헤드 상추, 루콜라 등을 맛과 향, 식감을 고려해서 선택하면 샌드위치 맛이 한층 업그레이드된답니다.

**재료(1개 분량)**

통밀 식빵(통 식빵을 12장으로 자른 것) … 3장
무염 버터 … 9g
크림치즈 … 8g
마요네즈 … 2g
허브 달걀 샐러드(60쪽 참조) … 60g
돼지 뒷다리 햄 … 20g
버터헤드 상추 … 5g

**만드는 법**

1. 통밀 식빵 1장에 크림치즈를 바르고 그 위에 허브 달걀 샐러드를 바른다. 무염 버터 3g을 바른 통밀 식빵 1장을 덮는다.
2. 1의 위에 무염 버터 3g을 바르고 햄을 올린다. 마요네즈를 가늘게 짜서 뿌리고 버터헤드 상추를 올린 다음, 통밀 식빵 1장에 남은 무염버터를 발라 덮는다.
3. 테두리를 잘라내고 3등분한다.

산뜻한 허브의 향!

## 삶은 달걀 ✕ 식빵 + 재료 응용하기

# 둥글게 자른 달걀 & 햄 양상추 믹스 샌드위치

삶은 달걀 햄 양상추 샌드위치. 이름만 보면 지극히 평범한 조합이지만 달걀을 사용하는 법, 빵의 두께와 종류를 바꾸면 완성품의 이미지가 크게 달라집니다.
둥글게 자른 삶은 달걀, 햄, 양상추의 조합은 사진과 레시피만 보면 각자 개성이 강하지 않은 순한 맛뿐이지요. 하지만 이런 평범한 재료들을 얇게 썬 식빵 3장 사이에 넣고 사워크림과 허브로 향긋한 맛을 낸 소스를 더하면, 한 가지 재료로 발휘할 수 없는 절묘한 조화를 만들어낸답니다.

### 재료(1개 분량)

- 사각 식빵(통 식빵을 12장으로 자른 것) … 3장
- 무염 버터 … 6g
- 완숙 삶은 달걀(10~11쪽 참조) … 1개
- 사워 마요네즈 소스(35쪽 참조) … 13g
- 양상추 … 24g
- 돼지 뒷다리 햄 … 2장(25g)
- 소금 … 약간
- 백후추 … 약간

### 만드는 법

1. 사각 식빵 2장에 사워 마요네즈 소스를 5g씩 바른다.
2. 1의 사이에 에그 슬라이서로 둥글게 자른 삶은 달걀을 넣는다(53쪽 참조). 식빵을 덮기 전에 달걀 위에 소금, 백후추를 뿌린다.
3. 2의 위에 무염 버터 3g을 바르고 돼지 뒷다리 햄을 올린다. 햄 위에 남은 사워 마요네즈 소스를 가늘게 짜서 뿌리고, 식빵보다 약간 작게 접은 양상추를 올린다. 식빵 1장에 남은 무염 버터를 발라 덮는다.
4. 테두리를 잘라내고 대각선 방향으로 4등분한다.

누구나 좋아하는 조합!

## 반으로 자른 달걀 & 햄 양상추 믹스 샌드위치

같은 재료를 사용법만 바꿔서 전혀 다른 느낌으로 만들어봤어요. 달걀과 재료를 잔뜩 넣어 만든 이 샌드위치는 먹기엔 조금 불편할지도 모릅니다.
그래도 과감하게 반으로 자른 달걀을 푸짐하게 넣어 강렬한 인상을 줍니다. 두툼한 빵에 넣은 재료들을 소스로 붙여주고, 반으로 자른 달걀과 빵 사이를 달걀 샐러드로 메우면 포장지로 감싸지 않아도 잘 썰리고 모양도 유지됩니다. 푸짐한 샌드위치와 먹기 편한 샌드위치 중에 무엇을 선택할지에 따라 쌓는 법이 달라집니다. 더하기뿐만 아니라 빼기의 중요성도 고려하며 샌드위치를 구성해보세요.

**재료(1개 분량)**

통밀 식빵(통 식빵을 8장으로 자른 것) … 2장
무염 버터 … 6g
완숙 삶은 달걀(10~11쪽 참조) … 2와 1/2개
기본 달걀 샐러드(50쪽 참조) … 50g
사워 마요네즈 소스(35쪽 참조) … 8g
양상추 … 6g
돼지 뒷다리 햄 … 2장(25g)
소금 … 약간
백후추 … 약간

**만드는 법**

1. 통밀 식빵의 한쪽 면에 무염 버터를 반씩 바른다.
2. 완숙 삶은 달걀은 와이어 커터를 이용해 세로로 반을 자른다. 단면이 위로 가게 놓고 소금, 백후추를 뿌려둔다.
3. 1에 양상추를 올리고 사워 마요네즈 소스 2g을 가늘게 짜서 뿌린다. 돼지 뒷다리 햄을 올리고 사워 마요네즈 소스 3g을 뿌린 다음, 2의 3조각(1과 1/2개 분량)을 올린다. 다시 사워 마요네즈 소스 3g을 뿌리고, 남은 달걀 2조각(1개 분량)을 올린다.
4. 남은 식빵 1장에 기본 달걀 샐러드를 바르고 3과 합친다.
5. 테두리를 제거하고 반으로 자른다.

정말 푸짐해요!

# 삶은 달걀 × 식빵 + 재료 응용하기

## 달걀 새우 브로콜리 통밀빵 샌드위치

달걀, 새우, 브로콜리는 샌드위치 전문점에서도 흔히 활용하는 조합입니다. 새우는 시간이 지나면 비린내가 날 수 있으니 잘 조리해야 합니다. 브로콜리는 적절한 시간 내에 데치고 양념을 충분히 해야 맛있습니다. 새우도 브로콜리도 너무 오래 익히지 않게 주의하세요. 특히 브로콜리는 크기와 식감에 신경 써야 합니다. 재료 각각에 어울리는 소스를 따로 쓰는 것도 포인트예요. 균형 잡힌 조합 덕분에 달걀 양이 가장 많은데도 다른 재료의 맛을 제대로 느낄 수 있습니다. 통밀 식빵의 향도 살아 있지요. 평범한 조합일수록 수고를 아끼지 않고 맛있게 요리하는 것이 중요합니다.

### 재료(1개 분량)

- 통밀 식빵(통 식빵을 8장으로 자른 것) … 2장
- 무염 버터 … 6g
- 기본 달걀 샐러드(50쪽 참조) … 80g
- 브로콜리 … 30g
- 새우살 … 40g
- 사워 마요네즈 소스(35쪽 참조) … 5g
- 오로라 소스(35쪽 참조) … 6g
- 전분 … 약간
- 소금 … 약간
- 백후추 … 약간

### 만드는 법

1. 통밀 식빵의 한쪽 면에 무염 버터를 반씩 바른다.
2. 새우살은 등에 있는 내장을 제거하고 소금과 전분을 뿌려 주무른다. 흐르는 물에 이물질을 씻어내고 체에 올려 물기를 뺀 다음, 소금물에 데친다. 키친타월로 눌러서 물기를 제거하고 소금, 백후추를 살짝 뿌린다.
3. 브로콜리는 작은 송이로 떼어내고 소금물에 1분 30초~2분 정도 데친다. 체에 건져 물기를 뺀다.
4. 1에 기본 달걀 샐러드를 바르고 가운데에 3을 올린다. 브로콜리 위에 사워 마요네즈 소스를 가늘게 짜서 뿌리고 2를 올린다. 새우 위에 오로라 소스를 가늘게 짜서 뿌린다.
5. 남은 식빵 1장을 덮고 테두리를 제거한 다음, 반으로 자른다.

새우를 좋아하는 분에게!

# 달걀 연어 아보카도 호밀빵 샌드위치

훈제 연어도 인기 있는 샌드위치 재료 중 하나인데, 새우와 마찬가지로 신선도와 향을 잘 유지하는 것이 중요합니다. 여기서 사용한 호밀 식빵(124쪽 참조)은 캐러웨이 향이 특징이라 연어와 조합해도 맛이 묻히지 않습니다. 아보카도에 레몬즙, 소금, 백후추로 밑간하고, 사워 마요네즈 소스를 바르면 모든 재료가 산뜻하게 어우러져요.

빵으로 달걀 샐러드와 재료를 분리해서 연어와 아보카도, 달걀과 프릴 상추 각각의 개성이 돋보이고 맛의 윤곽이 확실히 드러납니다.

**재료(1개 분량)**

호밀 식빵(통 식빵을 12장으로 자른 것) … 3장
무염 버터 … 12g
기본 달걀 샐러드(50쪽 참조) … 50g
프릴 상추 … 8g
훈제 연어 … 30g(3장)
아보카도 … 1/2개
사워 마요네즈 소스(35쪽 참조) … 6g
레몬즙 … 약간
소금 … 약간
백후추 … 약간

**만드는 법**

1. 호밀 식빵의 한쪽 면에 무염 버터를 3g씩 바른다.
2. 아보카도는 얇게 썰어서 소금, 백후추를 뿌리고, 레몬즙을 끼얹는다.
3. 1에 프릴 상추를 올리고 사워 마요네즈 소스의 반을 가늘게 짜서 뿌린다. 무염 버터를 발라둔 식빵 1장에 기본 달걀 샐러드를 발라 덮는다.
4. 3의 위에 남은 무염 버터를 바르고 훈제 연어를 올린 다음, 사워 마요네즈 소스를 가늘게 짜서 뿌린다. 2의 남은 수분을 키친타월로 눌러서 제거하고 훈제 연어 위에 올린다.
5. 남은 식빵 1장을 덮고 테두리를 잘라낸 다음, 3등분한다.

*아보카도를 좋아하는 분에게!*

# 달걀말이 ✕ 식빵

사탕수수 설탕과 끓인 미림의 부드러운 단맛이 인상적인 달걀말이는 가정적이고 정겨운 맛입니다. 식빵과 달걀말이의 단맛을 조화시키는 재료는 빵에 바른 마요네즈. 달걀로 만든 소스라 달걀말이와 궁합이 아주 좋아요. 적당한 신맛이 포인트가 되어 빵과 달걀말이가 부드럽게 어우러집니다.

### 재료(1개 분량)
사각 식빵(통 식빵을 6장으로 자른 것) … 2장
마요네즈 … 10g
달걀말이(16~17쪽 참조) … 1개

### 만드는 법
사각 식빵은 테두리를 잘라내고 한쪽 면에 마요네즈를 반씩 바른다. 달걀말이를 식빵 사이에 넣고 3등분한다.

마요네즈를 넉넉히 발라야 샌드위치 맛이 조화롭습니다. 마요네즈의 신맛과 대비되어 달걀말이의 단맛이 더욱 살아납니다.

빵도 달걀말이도 두툼해서 샌드위치를 반듯하게 자르기 어렵습니다. 미리 테두리를 잘라내고 달걀말이를 넣으면 빵이 잘 뭉개지지 않아 실패할 염려가 적습니다.

# 맛국물 달걀말이 ✕ 식빵

달걀말이 못지않게 맛국물 달걀말이 샌드위치도 최근 인기가 높습니다. 맛국물이 넉넉히 들어 있어 기본 달걀말이보다 만들기 조금 어렵지만, 갓 구운 맛국물 달걀말이의 맛은 정말 특별해요. 빵에 바른 겨자 마요네즈 소스의 톡 쏘는 맛이 적절한 포인트가 되어 고급스러우면서도 인상적입니다.

### 재료(1개 분량)
사각 식빵(통 식빵을 6장으로 자른 것) ⋯ 2장
겨자 마요네즈 소스(34쪽 참조) ⋯ 10g
맛국물 달걀말이(18~19쪽 참조) ⋯ 1개

### 만드는 법
사각 식빵은 테두리를 잘라내고 한쪽 면에 겨자 마요네즈 소스를 반씩 바른다. 맛국물 달걀말이를 식빵 사이에 넣고 3등분한다.

맛국물 달걀말이에는 겨자 마요네즈 소스가 잘 어울립니다. 은은한 맛국물의 향으로 포인트를 주어 동양적인 느낌이 강합니다.

맛국물을 머금어 촉촉한 달걀말이로 샌드위치를 만들 때는 부드럽고 보들보들한 빵이 좋습니다. 식빵은 되도록 갓 구운 것을 사용하세요. 빵이 말라 있으면 맛이 반감됩니다.

# 달걀말이 ✕ 식빵 + 재료 응용하기

## 군고구마 달걀말이를 넣은 건포도 식빵 샌드위치

달콤하고 포슬포슬한 군고구마를 넣은 달걀말이는 그냥 먹어도 맛있는 간식이 되지요. 이것을 고구마와 잘 어울리는 건포도 식빵 사이에 넣었습니다. 건포도 식빵에는 버터를 발라주세요. 군고구마와 건포도에 버터의 향을 더하면 달걀말이 샌드위치가 디저트로 변신한답니다.

**재료(1개 분량)**
건포도 식빵(원로프로 구운 것, 15㎜ 두께) … 2장
무염 버터 … 6g
군고구마 달걀말이※ … 1개

※군고구마 달걀말이
군고구마 50g의 껍질을 벗기고 사방 1㎝로 깍둑 썰어 기본 달걀말이의 달걀물과 섞어서 굽는다(16~17쪽 참조).

**만드는 법**
1. 건포도 식빵의 한쪽 면에 무염 버터를 반씩 바른다.
2. 1의 사이에 군고구마 달걀말이를 넣고 반으로 자른다.

간식 샌드위치!

# 매운 명란젓 파 달걀말이 샌드위치

매운 명란젓과 파를 넣은 안주 같은 달걀말이는 술에 어울리는 어른스러운 맛입니다. 기본 달걀말이에서 단맛을 줄이고 우유를 더했습니다. 매콤하면서도 부드러워 빵과 잘 어울립니다. 맥주나 청주 안주로 드셔보세요. 나들이 도시락으로도 좋습니다.

**재료(1개 분량)**

사각 식빵(통 식빵을 6장으로 자른 것) … 2장
마요네즈 … 10g
매운 명란젓 파 달걀말이※ … 1개

※매운 명란젓 파 달걀말이
달걀 3개를 볼에 깨 넣고 풀어주다가 다진 쪽파 8g, 우유 1큰술, 간장 1/2작은술, 미림 1/2작은술을 넣고 섞는다. 매운 명란젓은 얇은 껍질을 제거하고 40g으로 계량한다. 달걀말이 팬에 기름을 둘러 달구고, 달걀물을 1/3만 부어 넣는다. 요리용 젓가락으로 가볍게 휘젓다가 살짝 익어서 굳기 시작하면 매운 명란젓을 한 줄로 깔고 명란젓이 가운데에 오도록 말아준다. 남은 달걀물을 세 번에 나누어 붓고, 말면서 굽는다 (16~17쪽 참조).

**만드는 법**

1. 사각 식빵의 테두리를 잘라내고, 한 쪽 면에 마요네즈를 반씩 바른다.
2. 1의 사이에 매운 명란젓 파 달걀말이를 넣고 3등분한다.

술안주 샌드위치!

# 맛국물 달걀말이 ✕ 식빵 + 재료 응용하기

## 벚꽃새우 맛국물 달걀말이 샌드위치

달걀말이와 오믈렛은 다양한 재료와 조미료를 넣어 응용하는 재미가 있습니다. 하지만 맛국물 달걀말이에는 재료를 너무 많이 넣지 않는 것도 중요합니다. 맛국물의 향을 살려주는 질 좋은 재료 한두 가지만 넣어도 충분해요. 가마솥에 찐 벚꽃새우가 그 예입니다. 은은한 향과 부드러운 식감이 달걀과 잘 어우러지고, 벚꽃새우만의 감칠맛이 입안 가득 느껴집니다.

**재료(1개 분량)**
사각 식빵(통 식빵을 8장으로 자른 것) … 2장
겨자 마요네즈 소스(34쪽 참조) … 10g
벚꽃새우 맛국물 달걀말이※ … 1개

※ 벚꽃새우 맛국물 달걀말이
달걀 3개를 볼에 깨 넣고 풀어주다가 맛국물 3큰술, 간장 1작은술, 미림 2작은술을 넣고 잘 섞은 다음, 벚꽃새우(가마솥에 찐 제품) 20g을 넣는다. 달걀말이 팬에 기름을 둘러 달구고, 달걀물을 1/4만 부어 넣는다. 요리용 젓가락으로 가볍게 휘젓다가 살짝 익어서 굳기 시작하면 말아준다. 남은 달걀물을 1/3씩 붓고, 말면서 굽는다 (18~19쪽 참조).

**만드는 법**
1. 사각 식빵의 테두리를 자르고 한쪽 면에 겨자 마요네즈 소스를 반씩 바른다.
2. 1의 사이에 벚꽃새우 맛국물 달걀말이를 넣고 3등분한다.

새우의 감칠맛이 가득!

## 게 파드득나물 맛국물 달걀말이 샌드위치

가다랑어포와 다시마를 우린 맛국물 달걀말이와 바다의 진미인 게는 무조건 맛있는 조합이지요. 생물 게를 처음부터 손질하기는 까다로우니 간편한 통조림을 사용하세요. 부드러운 감칠맛을 끌어올리는 대게 통조림이 좋습니다. 다진 파드득나물을 넣으면 청량한 향과 아삭한 식감이 게의 맛을 살려줍니다.

**재료(1개 분량)**

사각 식빵(통 식빵을 8장으로 자른 것) … 2장
겨자 마요네즈 소스(34쪽 참조) … 10g
게 파드득나물 맛국물 달걀말이※ … 1개

※게 파드득나물 맛국물 달걀말이
달걀 3개를 볼에 깨 넣고 풀어주다가 맛국물 3큰술, 간장 1작은술, 미림 2작은술을 넣고 잘 섞은 다음, 1cm 폭으로 썬 파드득나물 4g, 물기 뺀 대게 통조림 20g을 넣고 섞는다. 달걀말이 팬에 기름을 둘러 달구고, 달걀물을 1/4만 부어 넣는다. 요리용 젓가락으로 가볍게 휘젓다가 살짝 익어서 굳기 시작하면 말아준다. 남은 달걀물을 1/3씩 붓고, 말면서 굽는다(18~19쪽 참조).

**만드는 법**

1. 사각 식빵의 테두리를 자르고 한쪽 면에 겨자 마요네즈 소스를 반씩 바른다.
2. 1의 사이에 게 파드득나물 맛국물 달걀말이를 넣고 3등분한다.

게의 감칠맛이 가득!

# 오믈렛 ✕ 식빵

당장 달걀 샌드위치가 먹고 싶다면 삶은 달걀보다 빨리 만들 수 있는 오믈렛 샌드위치가 좋습니다. 버터로 향긋한 맛을 낸 기본 오믈렛은 바삭하게 구운 토스트에 잘 어울립니다. 빵에 버터와 케첩을 겹쳐 바르면 달걀말이 샌드위치와 달리 서구적인 맛이 납니다. 달걀물에 재료를 넣고 섞어서 굽거나 베이컨, 채소를 빵 사이에 함께 넣는 등 응용 아이디어가 무궁무진해요.

### 재료(1개 분량)
사각 식빵(통 식빵을 8장으로 자른 것) … 2장
무염 버터 … 6g
케첩 … 10g
오믈렛(20~21쪽 참조) … 1장

### 만드는 법
사각 식빵을 토스트한다. 한쪽 면에 무염 버터를 반씩 바르고 그 위에 케첩을 반씩 바른다. 오믈렛을 식빵 사이에 넣고 위아래의 테두리를 잘라낸 다음, 3등분한다.

사각 식빵을 노릇노릇해질 정도로 바삭하게 토스트하면 담백한 오믈렛의 맛이 더욱 살아납니다. 버터와 케첩을 겹쳐 바르는 것도 포인트예요.

식빵을 토스트하면 테두리가 더욱 고소해져서 특유의 맛을 즐길 수 있습니다. 테두리가 있는 샌드위치로 만들 때는 양옆 테두리를 남기고 위아래만 잘라내세요. 자른 조각마다 균형이 잡혀 있어 마지막까지 조화로운 맛을 즐길 수 있습니다.

# 생크림을 넣은 오믈렛 ✕ 식빵

달걀에 생크림을 넣으면 담백한 오믈렛이 몽글몽글하고 진한 맛으로 변신합니다. 오믈렛의 풍부한 맛을 살리기 위해 생크림과 잘 어울리는 사워크림을 넣은 마요네즈 소스를 곁들이고, 빵은 굽지 않고 사용합니다.
오믈렛과 빵을 합친 단순한 구성이지만 빵과 소스의 조합으로 완성품의 맛이 크게 달라진답니다.

### 재료(1개 분량)

사각 식빵(통 식빵을 8장으로 자른 것) … 2장
무염 버터 … 8g
사워크림 … 5g
마요네즈 … 5g
생크림을 넣은 오믈렛(22~23쪽 참조) … 1장

### 만드는 법

사각 식빵의 한쪽 면에 무염 버터를 반씩 바른다. 사워크림과 마요네즈를 섞어서 무염 버터 위에 반씩 바른다. 오믈렛을 식빵 사이에 넣고 위아래의 테두리를 잘라낸 다음, 3등분한다.

빵을 굽지 않고 부드러운 식감을 살리면 더욱 맛있는 샌드위치가 됩니다. 생크림을 넣어 매끈한 오믈렛에 사워크림을 조합하면 유제품 특유의 진한 향이 더욱 살아납니다.

빵을 굽지 않더라도 테두리는 위아래만 잘라내고 양옆은 남겨두세요. 옆 테두리를 남겨두면 샌드위치의 골격이 튼튼하고 안정적이어서 만들기 편합니다. 빵을 굽지 않고 테두리를 남길 때는 빵의 신선도가 더욱 중요합니다. 빵이 말라 있다면 테두리를 모두 잘라내세요.

# 오믈렛 ✕ 식빵 + 재료 응용하기

## 베이컨 시금치 오믈렛 샌드위치

오믈렛에 인기 재료인 베이컨과 시금치를 넣고 통밀 식빵에 끼워 건강한 맛을 냈습니다. 통밀 식빵을 살짝 토스트하면 고소함이 배가돼요. 딱딱해지기 쉬운 테두리는 미리 잘라내는 편이 좋습니다. 오로라 소스와 잘 어울리고 아침 식사로도 추천합니다.

**재료(1개 분량)**

통밀 식빵(통 식빵을 6장으로 자른 것) … 2장
무염 버터 … 6g
오로라 소스(35쪽 참조) … 10g
베이컨 시금치 오믈렛※ … 1장

※베이컨 시금치 오믈렛
달걀 3개를 볼에 깨 넣고 풀어주다가 소금물에 데쳐 물기를 짜내고 1㎝ 폭으로 썬 시금치 30g, 막대 모양으로 가늘게 썰어 팬에 구운 베이컨 25g을 넣고 소금, 백후추로 간한다. 달걀말이 팬을 달구고 무염 버터 8g을 녹인 다음, 달걀물을 모두 부어 넣는다. 주걱을 가장자리에서 가운데로 천천히 저으며 고루 익힌다. 전체가 반숙으로 굳기 시작하면 뒤집개로 한 번에 뒤집는다. 반대쪽도 익혀 굳힌다(20~21쪽 참조).

**만드는 법**

1. 통밀 식빵의 테두리를 잘라내고 살짝 토스트한다. 한쪽 면에 무염 버터를 반씩 바르고 그 위에 오로라 소스를 반씩 바른다.
2. 1의 사이에 베이컨 시금치 오믈렛을 넣고 반으로 자른다.

뽀빠이가 된 기분!

## 카프레제 오믈렛 샌드위치

토마토, 모차렐라 치즈, 바질. 카프레제 재료를 그대로 넣어 구운 오믈렛은 버터가 아닌 올리브유를 사용하는 것이 포인트입니다. 재료의 향이 살아나고 이탈리아 요리다운 맛이 나거든요. 재료 하나하나의 맛이 풍부하게 느껴지도록 얇은 식빵을 사용해 오믈렛이 돋보이게 해주세요. 샌드위치를 먹기 편한 크기로 작게 썰어주면 술안주로도 좋답니다.

**재료(1개 분량)**
사각 식빵(통 식빵을 8장으로 자른 것) … 2장
오로라 소스(35쪽 참조) … 12g
카프레제 오믈렛※ … 1장

※카프레제 오믈렛
달걀 3개를 볼에 깨 넣고 풀어주다가 사방 15mm로 깍둑 썬 토마토 40g, 사방 1cm로 깍둑 썬 모차렐라 치즈 25g, 굵게 다진 바질 3장을 넣고 소금, 백후추로 간한다. 달걀말이 팬에 E.V.올리브유 1큰술을 둘러 달구고 달걀물을 모두 부어 넣는다. 주걱으로 가장자리에서 가운데로 천천히 저으며 고루 익힌다. 전체가 반숙으로 굳기 시작하면 뒤집개로 한 번에 뒤집는다. 반대쪽도 익혀 굳힌다(20~21쪽 참조).

**만드는 법**
1. 사각 식빵의 테두리를 잘라내고 한쪽 면에 오로라 소스를 반씩 바른다.
2. 1의 사이에 카프레제 오믈렛을 넣고 대각선 방향으로 4등분한다.

이탈리안 샌드위치!

# 생크림을 넣은 오믈렛 ✕ 식빵 + 재료 응용하기

## 트러플 버섯 오믈렛 샌드위치

트러플과 달걀은 단순하지만 최고의 조합입니다. 평범한 달걀 요리가 와인에 어울리는 고급 요리로 변신한답니다. 호화롭게 생 트러플을 넣으면 좋겠지만, 여기서는 구하기 쉬운 트러플 소금으로 향만 곁들였어요. 미각에서 '향'의 중요성을 실감할 수 있습니다.

**재료(1개 분량)**

사각 식빵(통 식빵을 6장으로 자른 것) … 2장
무염 버터 … 10g
트러플 버섯 오믈렛※ … 1장
트러플 소금 … 약간

※트러플 버섯 오믈렛
달걀 3개를 볼에 깨 넣고 풀어주다가 생크림(유지방 38% 내외) 2큰술, 트러플 소금(트러플 오일과 소금도 가능), 백후추를 넣고 잘 섞은 다음, 얇게 썰어 버터에 볶은 양송이 35g을 넣고 섞는다. 달걀말이 팬을 달구어 무염 버터 8g을 녹인 후, 달걀물을 모두 부어 넣는다. 주걱으로 가장자리에서 가운데로 천천히 저으며 고루 익힌다. 전체가 반숙으로 굳기 시작하면 뒤집개로 한 번에 뒤집는다. 반대쪽도 익혀 굳힌다(22~23쪽 참조).

**만드는 법**

1. 사각 식빵의 한쪽 면에 무염 버터를 반씩 바른다.
2. 1의 사이에 트러플 버섯 오믈렛을 넣는다. 위아래의 테두리를 잘라낸 후, 3등분하고 트러플 소금을 뿌려 마무리한다.

트러플이 향긋!

# 연어 오믈렛 샌드위치

훈제 연어도 맛있는 오믈렛에 빼놓을 수 없는 재료 중 하나입니다. 생크림을 넣은 걸쭉한 달걀물에 시큼한 사워크림을 더하면 산뜻한 맛이 고급스러운 훈제 연어의 향을 더욱 끌어올려 줘요. 통밀 식빵에 바른 사워 마요네즈 소스에는 허브를 듬뿍 넣어 오믈렛의 향과 자연스럽게 어우러집니다. 주말 브런치로도 좋은 풍부한 맛의 샌드위치랍니다.

### 재료(1개 분량)

통밀 식빵(통 식빵을 8장으로 자른 것) … 2장
사워 마요네즈 소스(35쪽 참조) … 12g
연어 오믈렛※ … 1장

※연어 오믈렛
달걀 3개를 볼에 깨 넣고 풀어주다가 생크림(유지방 38% 내외) 2큰술, 사워크림 10g, 소금, 백후추를 넣고 잘 섞은 다음, 사방 15mm로 깍둑 썬 훈제 연어 35g을 넣고 섞는다. 달걀말이 팬을 달구어 무염 버터 8g을 녹인 후, 달걀물을 모두 부어 넣는다. 주걱으로 가장자리에서 가운데로 천천히 저으며 고루 익힌다. 전체가 반숙으로 굳기 시작하면 뒤집개로 한 번에 뒤집는다. 반대쪽도 익혀 굳힌다 (22~23쪽 참조).

### 만드는 법

1. 통밀 식빵은 테두리를 자르고 한쪽 면에 사워 마요네즈 소스를 반씩 바른다.
2. 1의 사이에 연어 오믈렛을 넣고 대각선 방향으로 4등분한다.

허브 향이 솔솔!

# 스크램블드에그 【중탕 타입】 ✕ 식빵

몽글몽글한 스크램블드에그는 '빵 2장 사이에 넣는' 샌드위치에는 적합하지 않지만, 포켓 샌드위치로 만들면 식빵과 어울리는 담백한 맛을 즐길 수 있습니다. 매끈한 식감에 맞춰 촉촉하고 부드러운 빵을 사용하세요. 기본 달걀 샌드위치 중에 입에서 녹는 느낌이 가장 좋고 섬세한 맛이 납니다. 삶은 달걀, 구운 달걀, 중탕으로 익힌 달걀을 각각 빵과 조합해보면 맛과 모양이 놀랄 만큼 달라요.

### 재료(1개 분량)
사각 식빵(통 식빵을 4장으로 자른 것) … 1장
스크램블드에그
(중탕 타입, 26~27쪽 참조) … 60g
마요네즈 … 8g

### 만드는 법
1. 사각 식빵은 테두리를 잘라내고 반으로 자른다. 자른 면에 칼집을 넣어 주머니 모양으로 만든다.
2. 스크램블드에그와 마요네즈를 섞어서 짤주머니에 넣고, 식빵 주머니에 반씩 짜 넣는다.

두툼한 식빵을 반으로 잘라서 자른 면이 위로 가게 놓고 칼집을 넣어줍니다. 구멍이 나기 직전까지 자르면 재료를 넣었을 때 너무 많이 벌어집니다. 끝에서 5mm 정도 안쪽까지만 자르는 것이 포인트예요. 테두리가 있으면 실패할 염려가 적으니 빵이 말랐다면 테두리가 있는 상태로 칼집을 넣어보세요.

중탕으로 만들어 걸쭉한 스크램블드에그에 마요네즈를 섞어서 부드럽게 만듭니다. 여기서는 담백하게 맛을 냈지만, 사워크림이나 허브를 넣어 산뜻한 맛을 내도 좋고, 트러플 오일이나 트러플 소금으로 심플하게 향을 내도 됩니다. 잘게 다진 훈제 연어나 베이컨을 섞어 푸짐하게 만들어도 맛있어요.

# 달걀 프라이 [턴 오버] ✕ 식빵

달걀 프라이는 빵 2장 사이에 넣기보다는 빵 위에 얹거나 곁들이는 경우가 많지요. 빵 사이에 넣으려면 턴 오버로 만드세요. 양면을 구워서 굳히면 빵 사이에 넣기도 좋고 자르기도 편하답니다. 노른자가 가운데에 오도록 굽는 것도 포인트입니다. 반 또는 4등분으로 잘랐을 때 노른자가 가운데에 있으면 예뻐요. 노른자의 반숙 정도는 취향에 따라 조절하세요. 얇은 달걀 프라이는 얇은 빵과 균형이 잘 맞겠지요. 빵을 살짝 토스트하면 고소함이 배가됩니다. 간장 마요네즈 소스와의 궁합도 정말 좋답니다.

### 재료(1개 분량)
사각 식빵(통 식빵을 12장으로 자른 것) … 2장
간장 마요네즈 소스(34쪽 참조) … 10g
달걀 프라이(턴 오버, 28~29쪽 참조) … 1장

### 만드는 법
사각 식빵은 토스트해서 한쪽 면에 간장 마요네즈 소스를 반씩 바른다. 달걀 프라이를 빵 사이에 넣고 테두리를 잘라낸 다음, 대각선 방향으로 4등분한다.

식빵은 노르스름하게 살짝만 토스트합니다. 빵의 수분이 많이 날아가면 자르기 불편하니 조금 일찍 꺼내세요. 빵에는 간장 마요네즈 소스를 발라줍니다. 간장 향이 달걀과 빵의 고소한 맛과 어우러져 절묘한 조화를 이룹니다.

# 스크램블드에그 【프라이팬 타입】 ✕ 식빵 + 재료 응용하기

## 잔멸치 파 스크램블드에그 샌드위치

프라이팬으로 만드는 스크램블드에그는 마음만 먹으면 바로 만들 수 있는 게 매력이지요. 기본 레시피에서 사용하는 버터를 재료에 어울리는 기름으로 대체하면 향이 전혀 달라집니다. 잔멸치와 파에 참기름의 향을 더해 동양적인 느낌을 주고, 몽글몽글하게 반숙으로 만들어야 맛있어요. 깔끔하게 잘 리지는 않지만 직접 만든 맛을 즐길 수 있는 샌드위치랍니다.

**재료(1개 분량)**

사각 식빵(통 식빵을 8장으로 자른 것) … 2장
간장 마요네즈 소스(34쪽 참조) … 10g
달걀 … 2개
우유 … 1큰술
잔멸치 … 25g
쪽파(송송 썬 것) … 10g
참기름 … 2작은술
소금 … 약간
백후추 … 약간

**만드는 법**

1. 사각 식빵은 노릇하게 토스트하고, 한쪽 면에 간장 마요네즈 소스를 반씩 바른다.
2. 잔멸치 파 스크램블드에그를 만든다. 달걀을 볼에 깨 넣고 풀어주다가 우유, 잔멸치, 쪽파를 넣고 소금, 백후추로 간한다. 프라이팬에 참기름을 둘러 달구고 달걀물을 붓는다. 주걱으로 크게 저으며 폭신하게 익히다가 식빵 사이에 넣기 좋게 모양을 잡는다.
3. 스크램블드에그가 반숙으로 굳으면 곧바로 1의 사이에 넣는다. 위아래의 테두리를 잘라내고 3등분한다.

참기름이 맛의 한 수!

# 달걀 프라이 【턴 오버】 ✕ 식빵 + 재료 응용하기

## 베이컨 에그 양배추 통밀빵 샌드위치

아침 식사의 기본 조합인 달걀 프라이와 베이컨을 양배추와 함께 통밀 식빵에 넣어 건강한 샌드위치로 만들었습니다. 간장 마요네즈 소스로 담백한 맛을 냈어요. 양배추에 섞은 차조기 잎의 향도 제대로 납니다. 테두리를 남기고 잘라서 고소한 맛도 뛰어나지요. 아무리 먹어도 질리지 않는 맛이랍니다.

**재료(1개 분량)**

통밀 식빵(통 식빵을 8장으로 자른 것) ⋯ 2장
간장 마요네즈 소스(34쪽 참조) ⋯ 15g
달걀 프라이(턴 오버, 28~29쪽 참조) ⋯ 1장
베이컨 ⋯ 2장
양배추(잘게 채 썬 것) ⋯ 20g
차조기 잎(잘게 채 썬 것) ⋯ 1/2장

**만드는 법**

1. 통밀 식빵은 가볍게 토스트하고, 한 쪽 면에 간장 마요네즈 소스를 5g씩 바른다.
2. 베이컨은 양면을 프라이팬에 노릇노릇하게 굽는다.
3. 양배추와 차조기 잎을 섞어둔다.
4. 1에 2를 올리고 간장 마요네즈 소스 2g을 가늘게 짜서 뿌린 다음, 달걀 프라이를 올린다. 그 위에 간장 마요네즈 소스 3g을 가늘게 짜서 뿌리고 3을 올린다. 남은 식빵 1장을 덮고, 대각선 방향으로 4등분한다.

은은한 동양의 맛!

03

# 달걀을 빵에 얹으면 맛있어

# 스크램블드에그 【프라이팬 타입】 ✕ 식빵

프라이팬으로 만드는 몽글몽글한 스크램블드에그는 갓 만든 포근한 맛이 핵심입니다. 빵을 토스트하는 동안 만들어서 바로 얹어 드세요. 빵, 달걀, 버터에 소금과 백후추만 넣은 소박한 맛이기에 스크램블드에그를 익히는 정도와 간 조절이 완성도를 좌우합니다.

**재료(1개 분량)**

사각 식빵(통 식빵을 5장으로 자른 것) … 1장
무염 버터(토스트용) … 8g
달걀 … 2개
무염 버터(스크램블드에그용) … 10g
생크림(유지방 38% 내외) … 20㎖
소금 … 약간
백후추 … 약간

**만드는 법**

1. 사각 식빵을 토스트하고, 윗면에 무염 버터를 바른다.
2. 볼에 달걀과 생크림을 넣는다. 소금, 백후추를 뿌리고 풀어주며 섞는다.
3. 프라이팬에 무염 버터를 넣고 중간 불에 올린다. 버터가 녹으면 2를 부어 넣는다. 달걀이 부풀어 오르면 가장자리부터 주걱으로 천천히 저으며 섞는다. 불은 중간 불로 유지한다. 전체가 폭신하게 익으면서 굳고, 윗면이 약간 걸쭉할 때 불을 끈다(24~25쪽 참조).
4. 1에 3을 올리고 소금, 백후추를 뿌려 마무리한다.

# 달걀 프라이 ✕ 식빵

고온에서 한쪽 면만 재빨리 익힌 달걀 프라이를 버터 토스트에 올리기만 하면 됩니다. 흰자의 가장자리가 바삭하고 고소해서 토스트의 향도 함께 좋아진답니다. 프라이팬에 조리하는 점은 같지만 흰자와 노른자를 각각 맛볼 수 있는 달걀 프라이와 풀어서 익힌 스크램블드에그는 전혀 다른 요리입니다. 단순한 조합끼리 비교해보면 의외의 사실을 발견하게 되고, 새로운 메뉴의 개발로 이어지곤 하지요.

**재료(1개 분량)**

사각 식빵(통 식빵을 8장으로 자른 것) … 1장
무염 버터 … 8g
달걀 … 1개
샐러드유 … 적당량
소금 … 약간
흑후추 … 약간

**만드는 법**

1. 사각 식빵은 토스트하고, 윗면에 무염 버터를 바른다.
2. 달걀 프라이를 만든다(서니 사이드 업, 28쪽 참조).
3. **1**에 **2**를 올리고 소금, 흑후추를 뿌려 마무리한다.

## 스크램블드에그 【프라이팬 타입】 ✕ 식빵 + 재료 응용하기

## 누에콩 페코리노 스크램블드에그 토스트

누에콩과 양젖 치즈 페코리노의 조합은 이탈리아 봄의 정취를 느끼게 해줍니다. 포슬포슬한 콩의 단맛과 향은 올리브유로 만든 스크램블드에그와 부드럽게 어우러집니다. 페코리노의 짭조름한 맛과 양젖 특유의 감칠맛 덕분에 담백하면서도 깊은 맛이 나고, 흑후추도 맛을 더욱 살려줘요.

**재료(1개 분량)**
사각 식빵(통 식빵을 6장으로 자른 것) … 1장
E.V.올리브유(토스트용) … 1/2큰술
달걀 … 2개
누에콩(알맹이) … 50g
페코리노 로마노※ … 5g
E.V.올리브유(스크램블드에그용) … 1큰술
소금 … 약간
백후추 … 약간
흑후추 … 약간

**만드는 법**
1. 사각 식빵 윗면에 E.V.올리브유를 바르고 토스트한다.
2. 누에콩은 깍지를 까서 소금물에 데치고, 얇은 껍질을 벗긴다.
3. 볼에 달걀을 깨 넣고 소금, 백후추를 뿌려서 풀어 섞는다.
4. 프라이팬에 E.V.올리브유를 두르고 중간 불에 올린다. 프라이팬이 달궈지면 3을 붓는다. 중간 불을 유지하다가 달걀이 부풀어 오르면 2를 넣고, 가장자리부터 주걱으로 천천히 저어 섞는다. 전체가 폭신하게 익으면서 굳고, 윗면이 약간 걸쭉할 때 불을 끈다(24~25쪽 참조).
5. 1에 4를 올리고 필러로 얇게 깎은 페코리노 로마노를 올린다. 굵게 간 흑후추를 뿌려 마무리한다.

※페코리노 로마노(Pecorino Romano) 양젖으로 만든 이탈리아의 전통 치즈로, 로마 근교에서 처음 만들어져 로마노라고 이름 붙여졌습니다. 짭짤한 맛이 양젖 특유의 단맛과 감칠맛을 살려줘서 파스타나 요리의 조미료로도 쓰입니다. 필러로 얇게 깎거나 강판에 갈아서 사용하면 좋습니다. 구하기 어렵다면 파르메산 치즈로 대체해도 됩니다.

# 달걀 프라이 【소프트 타입】 ✕ 식빵 + 재료 응용하기

## 크로크마담

프랑스 카페의 기본 샌드위치인 크로크무슈(Croque-monsieur)에 달걀 프라이를 올리면 크로크마담(Croque-madame)이 됩니다.
반숙으로 만들어 걸쭉한 노른자를 소스처럼 먹는 것이 맛의 비결이에요.

**재료(1개 분량)**
- 사각 식빵(통 식빵을 8장으로 자른 것) … 2장
- 무염 버터 … 6g
- 돼지 뒷다리 햄 … 20g
- 그뤼에르 치즈(슈레드 치즈로 대체 가능) … 28g
- 베샤멜 소스※ … 25g
- 반숙 달걀 프라이(29쪽 참조) … 1장
- 소금 … 약간
- 흑후추 … 약간

**만드는 법**
1. 그뤼에르 치즈는 얇게 썰어 1/3은 그대로 쓰고, 나머지는 잘게 다진다. 치즈 강판이 있으면 굵게 갈아도 된다.
2. 사각 식빵의 한쪽 면에 무염 버터를 바르고, 돼지 뒷다리 햄과 얇게 썬 그뤼에르 치즈를 올린다.
3. 2의 위에 베샤멜 소스를 바르고, 잘게 다진 그뤼에르 치즈를 올린다. 예열한 오븐 토스터에 치즈가 녹아서 노르스름해질 때까지 굽는다.
4. 3에 반숙 달걀 프라이를 올리고 소금과 굵게 간 흑후추를 뿌린다.

※베샤멜 소스(만들기 편한 분량)
무염 버터 30g을 냄비에 녹이고, 체로 친 박력분 30g을 넣어 볶는다. 색이 변하지 않도록 주의하며 찰기 없이 완전히 풀어질 때까지 충분히 볶는다. 데운 우유 400㎖를 넣고 불을 약하게 줄인다. 거품기로 매끈하게 풀어준다. 소금, 백후추, 너트메그를 약간 넣어 간한다.

* 원래 크로크무슈는 햄과 치즈만 넣고 파삭하게 만들어 식감을 즐기는 간단한 핫 샌드위치로, 베샤멜 소스는 필수가 아닙니다. 하지만 크로크마담으로 만든다면 베샤멜 소스를 넣은 그라탱 스타일을 추천합니다. 걸쭉한 노른자와 부드러운 베샤멜 소스의 조화를 즐길 수 있어요.

# 달걀 프라이 【토스트 타입】 ✕ 식빵

식빵에 달걀을 깨 넣고 그대로 굽는 달걀 프라이 토스트로는 빵과 달걀이 하나가 되어 만들어내는 맛을 즐길 수 있습니다. 재료로 둑을 쌓거나 빵을 움푹 파내 달걀이 흘러나오지 않게 하세요. 둑은 마요네즈로 만들면 가장 간편합니다. 살짝 구워서 굳힌 마요네즈에서는 그냥 먹는 것과 또 다른 감칠맛이 납니다. 좋아하는 향신료나 조미료를 더해서 응용해보세요.

**재료(1개 분량)**
사각 식빵(통 식빵을 5장으로 자른 것) … 1장
달걀 … 1개
마요네즈 … 20g
소금 … 약간
백후추 … 약간

**만드는 법**

**1** 사각 식빵을 알루미늄 포일에 올린다. 테두리 안쪽에 마요네즈로 둑을 만든다. 마요네즈를 3줄 정도 겹쳐서 높게 짜면 달걀이 흘러나오지 않는다.

**3** 오븐 토스터를 예열해두었다가, 2를 포일째 넣는다.

\* 오븐 토스터를 열 때 온도가 떨어지므로 약간 높은 온도로 예열하는 것이 좋다.

**2** 작은 볼에 달걀을 깨어 1의 가운데에 올린다. 노른자가 가운데에 오도록 조정한다.

\* 냉장고에서 막 꺼낸 달걀은 온도가 낮아서 굽는 시간이 오래 걸린다. 실온 상태로 두어야 단시간에 잘 익어서 아래의 빵이 너무 많이 구워지지 않는다.

**4** 빵을 넣자마자 분무기로 오븐 토스터 안에 물을 뿌리고 문을 닫는다. 흰자가 굳을 때까지 8~10분 정도 굽는다. 물을 뿌리면 빵이 딱딱해지지 않고, 증기 덕분에 달걀도 잘 굳는다. 색이 너무 진하게 나면 알루미늄 포일이 마요네즈에 붙지 않도록 주의하며 빵 주위를 살짝 덮어준다. 오븐 토스터를 끄고 남은 열로 마저 익혀도 좋다. 취향에 따라 소금, 백후추를 뿌려서 먹는다.

# 달걀 프라이 [토스트 타입] ✕ 식빵 + 재료 응용하기

## 대파 달걀 프라이 토스트

참기름에 고소하게 볶은 대파가 달걀과 간장 마요네즈 소스에 잘 어울립니다. 간장 마요네즈 소스 위에 대파를 올려서 둑을 만들고, 포인트로 고춧가루를 살짝 뿌려줍니다. 된장국과 함께 아침 식사로 먹어도 좋아요.

**재료(1개 분량)**

사각 식빵(통 식빵을 5장으로 자른 것) … 1장
간장 마요네즈 소스(34쪽 참조) … 15g
대파 … 20g
참기름 … 2작은술
달걀 … 1개
소금 … 약간
백후추 … 약간
고춧가루 … 약간

**만드는 법**

1. 대파는 어슷하게 썰어서 참기름을 둘러 달군 프라이팬에 볶는다. 소금, 백후추로 간한다.
2. 알루미늄 포일에 사각 식빵을 올리고 테두리 안쪽에 간장 마요네즈 소스를 짠다. 그 위에 1을 올려서 둑을 만든다.
3. 작은 볼에 달걀을 깨 넣고, 2의 가운데에 올린다.
4. 오븐 토스터를 예열해두었다가 2를 포일째 넣고, 흰자가 굳을 때까지 굽는다(89쪽 참조).
5. 고춧가루를 뿌려 마무리한다.

## 카르보나라 달걀 프라이 토스트

인기 있는 파스타인 카르보나라를 토스트로 응용했습니다.
흑후추를 듬뿍 뿌리고, 걸쭉한 반숙 노른자를 터뜨려 먹으면 맛있어요. 바삭하게 구운 베이컨의
고소한 맛이 치즈의 감칠맛을 살려줍니다.

**재료(1개 분량)**

사각 식빵(통 식빵을 5장으로 자른 것) … 1장
마요네즈 … 10g
베이컨(긴 직사각형으로 썬 것) … 25g
슈레드 치즈 … 20g
파르메산 치즈(가루) … 5g
달걀 … 1개
E.V.올리브유 … 2작은술
흑후추 … 약간

**만드는 법**

1. 베이컨은 노르스름해질 때까지 프라이팬에 볶는다. 키친타월로 눌러서 남은 기름을 제거한다.
2. 알루미늄 포일에 올린 사각 식빵 위에 E.V.올리브유를 바른다. 테두리 안쪽에 마요네즈를 짜고 그 위에 슈레드 치즈를 얹어서 둑을 만든다.
3. 작은 볼에 달걀을 깨 넣고 2의 가운데에 올린다. 달걀과 치즈 사이에 1을 올리고 파르메산 치즈도 뿌린다.
4. 오븐 토스터를 예열해두었다가 3을 포일째 넣고 흰자가 굳을 때까지 굽는다 (89쪽 참조).
5. 굵게 간 흑후추를 뿌려 마무리한다.

# 포치드 에그 ✕ 식빵

포치드 에그는 우리나라 가정에서 자주 먹지 않지만, 익숙해지면 삶은 달걀과 온천 달걀보다 금방 만들 수 있고 반숙 정도도 쉽게 조절할 수 있습니다. 빵 2장 사이에 넣기는 어려워도 오픈 샌드위치나 빵에 어울리는 요리의 토핑으로 폭넓게 활용할 수 있답니다. 올랑데즈 소스와 함께 자그마한 식빵에 올려서 달걀 본연의 맛부터 즐겨보세요.

**재료(1개 분량)**
원로프 식빵(15mm 두께) ··· 1장
포치드 에그(30~31쪽 참조) ··· 1개
올랑데즈 소스(33쪽 참조) ··· 적당량

**만드는 법**
1. 원로프 식빵을 토스트한다.
2. 1에 포치드 에그를 올리고 올랑데즈 소스를 끼얹는다.

# 포치드 에그 ✕ 식빵 + 재료 응용하기

## 시저 샐러드 토스트

사각 식빵의 테두리를 그릇으로 쓰고, 도려낸 속으로 크루통을 만들어 미국의 보편적인 샐러드인 시저 샐러드를 토스트로 만들었습니다. 로메인과 토스트만 있으면 심심하지만, 포치드 에그를 올리면 든든한 한 끼 식사가 돼요. 바삭하게 구운 테두리도 손으로 찢어서 샐러드와 함께 드세요.

**재료(1개 분량)**
사각 식빵(통 식빵을 5장으로 자른 것) ⋯ 1장
포치드 에그(30~31쪽 참조) ⋯ 1개
로메인 ⋯ 2~3장
시저 샐러드 드레싱※ ⋯ 적당량
파르메산 치즈(강판에 간 것) ⋯ 적당량
E.V.올리브유 ⋯ 적당량
흑후추 ⋯ 약간

※시저 샐러드 드레싱
마요네즈 50g, 플레인 요거트 50g, E.V.올리브유 2큰술, 레몬즙 2작은술, 강판에 간 파르메산 치즈 10g, 다진 안초비 10g, 강판에 간 마늘 1/2쪽, 소금 1/4작은술, 굵게 간 흑후추 1/4작은술을 모두 넣고 잘 섞는다.

**만드는 법**
1. 사각 식빵은 테두리 7mm 안쪽에 칼을 넣어 도려낸다(127쪽 참조). 테두리와 도려낸 속에 솔로 E.V.올리브유를 바른다. 속은 깍둑 썰어 파르메산 치즈를 묻힌다.
2. 1을 예열한 오븐 토스터에 넣어 굽는다. 전체가 노릇노릇해지면 꺼낸다.
3. 로메인은 한입 크기로 썬다.
4. 접시에 식빵 테두리를 올리고 그 속에 3과 깍둑 썬 속을 담는다. 포치드 에그를 올리고, 시저 샐러드 드레싱을 끼얹는다. 굵게 간 흑후추와 파르메산 치즈를 뿌린다.

# 포치드 에그 ✕ 식빵 + 재료 응용하기

## 포치드 에그 & 그린 아스파라거스 토스트

포치드 에그와 궁합이 좋은 아스파라거스는 그린, 화이트 모두 요리 재료로 널리 쓰입니다. 구하기 쉬운 그린 아스파라거스는 토스트에도 활용할 수 있어요. 허브를 듬뿍 넣은 사워 마요네즈 소스에 요거트를 섞은 산뜻한 드레싱이 아스파라거스의 향을 돋웁니다.

**재료(1개 분량)**

사각 식빵(통 식빵을 6장으로 자른 것) … 1장
무염 버터 … 8g
포치드 에그(30~31쪽 참조) … 1개
그린 아스파라거스 … 2개
사워 마요네즈 드레싱※ … 적당량
E.V.올리브유 … 적당량
소금 … 약간
백후추 … 약간

※ 사워 마요네즈 드레싱
사워 마요네즈 소스(35쪽 참조)와 플레인 요거트를 같은 양으로 섞고 소금, 백후추로 간한다.

**만드는 법**

1. 그린 아스파라거스는 밑동을 1cm 정도 잘라내고 아래쪽의 단단한 껍질을 필러로 벗겨낸 다음, 어슷하게 썬다.
2. 프라이팬에 E.V.올리브유를 둘러 달구고 1을 볶다가 소금, 백후추로 간한다.
3. 사각 식빵은 토스트하고 무염 버터를 바른다.
4. 3에 2와 포치드 에그를 올리고 사워 마요네즈 드레싱을 끼얹는다.

# 포치드 에그 ✕ 잉글리시 머핀

> 빵을 바꿔서

## 에그 베네딕트

에그 베네딕트(Eggs benedict)는 포치드 에그로 만드는 가장 유명한 빵 요리입니다. 잉글리시 머핀, 캐나디안 베이컨, 올랑데즈 소스가 기본 구성입니다. 요리의 발상에는 몇 가지 설이 있는데, 다국적 재료의 조합이 뉴욕의 탄생을 상징한다고 해요. 부재료를 여러 가지로 응용할 수 있고, 아침 식사나 브런치 메뉴로 제격이에요.

### 재료(1접시 분량)

잉글리시 머핀 … 1개(60g)
무염 버터 … 6g
베이컨 … 2장
포치드 에그(30~31쪽 참조) … 2개
올랑데즈 소스(33쪽 참조) … 적당량
카옌페퍼 … 약간

### 만드는 법

1. 잉글리시 머핀은 옆면을 포크로 찔러서 구멍 내고 위아래로 가른다.
2. 베이컨을 2~3등분으로 썰어 프라이팬에 굽는다.
3. 1을 토스트하고, 자른 면에 버터를 바른다.
4. 3에 2를 올리고 그 위에 포치드 에그를 올린 다음, 올랑데즈 소스를 끼얹는다. 카옌페퍼를 뿌려 마무리한다. 취향에 따라 샐러드(분량 외)를 곁들인다.

우리에게는 '에그 베네딕트'라는 이름이 친숙하지만, 영어명은 복수형인 'Eggs benedict'입니다. 잉글리시 머핀을 둘로 갈라서 사용하기 때문에 한 접시에 2개가 기본이에요.

# 반생 삶은 달걀 ✕ 식빵

달걀에 찍어 먹는 빵은 프랑스의 일반적인 아침 식사입니다. 가늘고 길게 썬 토스트, 무이에트(Mouillette)와 껍데기를 벗기지 않은 걸쭉한 달걀 요리, 외프 아 라 코크(Œuf à la coque)의 조합은 가장 간단하면서도 빵을 정말 맛있게 먹는 방법일지 모릅니다. 소금과 후추로만 맛을 낸 달걀은 빵과 함께 먹는 최고의 소스가 된답니다.

### 재료(1접시 분량)

반생 삶은 달걀(10~11쪽 참조) … 1개
사각 식빵(통 식빵을 8장으로 자른 것) … 1장
소금 … 약간
흑후추 … 약간

### 만드는 법

1. 사각 식빵은 테두리를 잘라내고 세로로 5등분한 다음, 노르스름하게 토스트한다(사진①).
2. 반생 삶은 달걀은 에그 토퍼(43쪽 참조)를 이용해 껍데기 윗부분에 금을 내고(사진②) 작은 칼로 자른다(사진③).
3. 에그 스탠드에 2를 올려 1과 함께 접시에 담는다. 취향에 따라 소금, 굵게 간 흑후추로 간하여 식빵에 찍어 먹는다.

# 스크램블드에그 【중탕 타입】 ✕ 식빵

중탕으로 만드는 걸쭉한 스크램블드에그는 달걀 껍데기에 담으면 우아한 전채 요리로 즐길 수 있습니다. 연어알, 캐비아, 트러플 등을 넣으면 샴페인에 어울리는 어른스러운 맛이 나지요. 길쭉하게 썰어 토스트한 무이에트를 곁들이기만 해도 근사한 요리가 됩니다. 외프 아 라 코크처럼 담았지만 맛은 전혀 달라요. 달걀의 조리법이 얼마나 심오한지 실감할 수 있어요.

### 재료(1접시 분량)

스크램블드에그
(중탕 타입, 26~27쪽 참조) … 달걀 1개 분량
사각 식빵(통 식빵을 8장으로 자른 것) … 1장

### 만드는 법

1. 사각 식빵은 테두리를 잘라내고 세로로 5등분한 다음, 노르스름하게 토스트한다(96쪽 사진①).
2. 에그 토퍼(43쪽 참조)를 이용해 껍데기 윗부분에 금을 내고 작은 칼로 자른다(96쪽 사진②③). 달걀을 빼내고 껍데기를 깨끗이 씻어 말려둔다. 빼낸 달걀로 스크램블드에그를 만든다.
3. 에그 스탠드에 2의 껍데기를 올리고 스크램블드에그를 채워 넣은 다음, 1과 함께 접시에 담는다. 스크램블드에그를 식빵에 찍어 먹는다.

04

# 달걀에 빵을 적시면 맛있어

# 프렌치토스트 ✕ 식빵

달걀과 우유로 만든 아파레유에 빵을 적셔서 구운 프렌치토스트(French toast)는 아침 식사로 인기 있는 대표적인 요리입니다. 프랑스어로는 팽 페르뒤(Pain perdu)라고 하는데, 직역하면 '잃어버린 빵'이라는 뜻이에요. 오래되어 딱딱해진 빵도 버리지 않고 먹으려는 생활의 지혜에서 탄생한 요리랍니다.

달걀과 우유로 만든 아파레유를 빵에 흡수시켜 프라이팬에 굽는 것이 기본인데, 아파레유를 흡수시키려면 시간이 걸리고 구울 때 속까지 잘 익지 않기도 합니다. 그래서 우유와 달걀을 나눠서 만드는 방법을 추천합니다. 우유 아파레유는 순식간에 빵에 스며듭니다. 그다음에 달걀 아파레유를 빵의 겉면에 묻혀서 굽는 거예요. 전체가 노릇해지면 완성입니다. 이렇게 하면 실패 없이 금방 만들 수 있어요. 가정에서는 물론 카페 메뉴로도 좋습니다. 우선 메이플 시럽을 끼얹어 심플한 맛부터 즐겨보세요.

**재료(2개 분량)**
사각 식빵(통 식빵을 5장으로 자른 것) … 2장
무염 버터 … 20g
메이플 시럽 … 적당량

〈달걀 아파레유(1단위 분량)〉
달걀 … 1개
소금 … 약간
그래뉼러당 … 10g

〈우유 아파레유(1단위 분량)〉
우유 … 200㎖
그래뉼러당 … 20g
바닐라 빈※ … 1/4개

※세로로 갈라서 작은 나이프로 씨를 긁어, 깍지와 함께 사용한다.

**만드는 법**

1  달걀 아파레유를 만든다. 달걀을 볼에 깨 넣고 알끈을 제거한다.

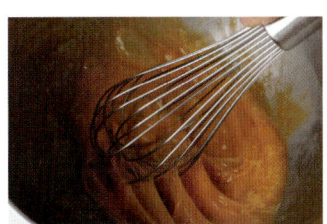

2  소금을 넣고 풀어준다. 소금을 넣으면 달걀이 잘 풀어지고 단맛과의 균형이 좋아진다.

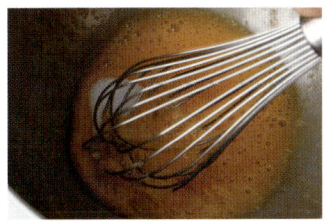

3  그래뉼러당 10g을 넣고 잘 섞는다.

4  우유 아파레유를 만든다. 우유, 그래뉼러당, 바닐라 빈의 씨와 깍지를 작은 냄비에 넣는다. 끓기 직전까지 데워 그래뉼러당을 녹인다.

5  4를 고운체에 걸러 배트에 담는다.

6  사각 식빵을 5에 담근다. 테두리까지 우유 아파레유를 충분히 흡수시킨다.

7  6을 3의 달걀 아파레유에 담근다.

8  달걀 아파레유를 식빵 표면에 고루 입혀준다.

9  프라이팬에 무염 버터의 반을 녹이고, 8을 중간 불로 굽는다.

10  노릇노릇해지면 뒤집는다. 남은 무염 버터를 넣고, 버터가 타지 않도록 불을 조절하며 고소한 냄새가 날 때까지 굽는다.

11  양면이 노릇노릇해지면 식빵을 옆으로 세워서 테두리도 노릇하게 익힌다. 접시에 담고, 취향에 따라 메이플 시럽을 끼얹는다.

# 프렌치토스트 ✕ 식빵 + 재료 응용하기

## 생크림 커스터드를 곁들인 건포도 식빵 프렌치토스트

기본 프렌치토스트에서 식빵을 건포도가 든 식빵으로 바꾸고, 우유 아파레유에 럼주를 넣었습니다. 새콤달콤한 건포도가 럼주의 향과 어우러져 너무 달지 않고 어른스러운 맛이 납니다. 생크림 커스터드와도 아주 잘 어울린답니다.

**재료(1개 분량)**

건포도 식빵
(원로프로 구운 것, 20mm 두께) … 1장
무염 버터 … 10g
기본 프렌치토스트 아파레유
(101쪽 참조) … 1단위 분량의 1/2
럼주 … 1작은술
생크림 커스터드(36~38쪽 참조) … 적당량
메이플 시럽 … 적당량

**만드는 법**

1. 기본 프렌치토스트 아파레유를 만든다(101쪽 참조). 우유 아파레유에 럼주를 넣는다.
2. 건포도 식빵에 우유 아파레유를 흡수시킨 후 달걀 아파레유를 묻힌다.
3. 프라이팬에 무염 버터의 반을 녹이고 2를 중간 불에 굽는다.
4. 노릇노릇해지면 뒤집는다. 남은 무염 버터를 넣고, 버터가 타지 않게 불을 조절하며 고소한 냄새가 날 때까지 굽는다.
5. 양면이 노릇노릇해지면 식빵을 옆으로 세워서 테두리까지 노릇노릇하게 익힌다.
6. 접시에 담고, 생크림 커스터드를 올린 다음, 메이플 시럽을 끼얹는다.

럼주 향이 은은한 어른의 맛!

# 구운 바나나와 솔티드 캐러멜 소스를 곁들인 프렌치토스트

버터와 그래뉼러당을 넣어 먹음직스럽게 구운 바나나는 진득해서 프렌치토스트의 식감과 잘 어울립니다. 바닐라 아이스크림을 올리고 솔티드 버터 캐러멜 소스를 듬뿍 끼얹으면 근사한 디저트가 된답니다. 따끈따끈한 바나나와 식빵, 차가운 바닐라 아이스크림의 온도 차와 솔티드 버터 캐러멜과의 달콤 짭조름한 대비가 인상적입니다.

### 재료(1개 분량)

사각 식빵(통 식빵을 5장으로 자른 것) … 1장
무염 버터 … 10g
기본 프렌치토스트 아파레유
(101쪽 참조) … 1단위 분량의 1/2
바나나 … 1개
그래뉼러당 … 1큰술
바닐라 아이스크림 … 적당량
솔티드 버터 캐러멜 소스※ … 적당량
호두(살짝 구운 것) … 적당량

### 만드는 법

1. 프라이팬에 기본 프렌치토스트를 굽는다(101쪽 참조).
2. 바나나는 세로로 반을 자른다. 그래뉼러당을 프라이팬에 넣고, 바나나의 단면이 아래로 가게 그래뉼러당 위에 올린다. 중간 불에 올리고 그래뉼러당이 녹아서 갈색이 될 때까지 굽는다. 바나나가 노릇노릇해지면 뒤집어서 반대쪽도 살짝 굽는다.
3. 접시에 1과 2를 담고 바나나 위에 바닐라 아이스크림을 올린다. 솔티드 버터 캐러멜 소스를 끼얹고, 굵게 다진 호두를 올려 마무리한다.

※솔티드 버터 캐러멜 소스(만들기 편한 분량)
냄비에 그래뉼러당 200g과 물 2큰술을 넣고 중간 불에 올린다. 녹기 시작하면 냄비를 흔들며 색이 날 때까지 천천히 가열한다. 갈색으로 변하며 타는 향이 나기 시작하면 불을 끄고 생크림 100㎖를 넣는다. 소금 1자밤과 가염 버터(가능하면 프랑스산 발효 버터) 30g을 넣고 녹이면서 섞는다.

맛의 대비를 즐겨보세요!

# 프렌치토스트 ✕ 바타르

빵을 바꿔서

## 바타르 프렌치토스트

프렌치토스트는 빵 자체의 식감과 아파레유가 스며드는 양의 균형이 잘 맞아야 맛있습니다. 갓 구운 빵은 수분이 많아서 식감이 묵직해지기 쉽습니다. 몽글몽글한 프렌치토스트를 좋아하지 않는다면 프랑스빵으로 만들어보세요. 딱딱해진 바타르로는 적당한 탄력과 쫄깃한 식감을 즐길 수 있답니다.

**재료(2개 분량)**

바타르(30mm 두께로 어슷하게 자른 것) … 2장
무염 버터 … 12g
기본 프렌치토스트 아파레유
(101쪽 참조) … 1단위 분량
메이플 시럽 … 적당량

**만드는 법**

1. 기본 프렌치토스트 아파레유를 만든다(101쪽 참조).
2. 바타르에 우유 아파레유를 흡수시킨 후 달걀 아파레유를 묻힌다.
3. 프라이팬에 무염 버터의 반을 녹이고 2를 중간 불에 굽는다.
4. 노릇노릇해지면 뒤집는다. 남은 무염 버터를 넣고, 버터가 타지 않도록 불을 조절하며 고소한 냄새가 날 때까지 굽는다.
5. 양면이 노릇노릇해지면 빵을 옆으로 세워서 크러스트도 익힌다.
6. 접시에 옮겨 담고 메이플 시럽을 끼얹는다.

쫄깃 탄탄해요!

# 프렌치토스트 ✕ 브리오슈 낭테르

> 빵을 바꿔서

## 브리오슈 프렌치토스트

달걀과 우유를 분리해 만든 아파레유에 가장 잘 어울리는 빵은 브리오슈입니다. 프랑스의 가정에서는 주로 바게트와 바타르로 만드는데, 카페에서는 브리오슈로 만들어 풍미가 진한 스타일이 주류를 이룹니다. 반죽에 달걀이 듬뿍 든 브리오슈로 프렌치토스트를 만들면 입에서 살살 녹아요.

**재료(1개 분량)**

브리오슈 낭테르(30mm 두께로 자른 것) … 1장
무염 버터 … 10g
기본 프렌치토스트 아파레유
(101쪽 참조) … 1단위 분량의 1/2
메이플 시럽 … 적당량

**만드는 법**

1. 기본 프렌치토스트 아파레유를 만든다(101쪽 참조).
2. 브리오슈 낭테르에 우유 아파레유를 흡수시킨 후 달걀 아파레유를 묻힌다.
3. 프라이팬에 무염 버터의 반을 녹이고 **2**를 중간 불에 굽는다.
4. 노릇노릇해지면 뒤집는다. 남은 무염 버터를 넣고, 버터가 타지 않게 불을 조절하며 고소한 냄새가 날 때까지 굽는다.
5. 양면이 노릇노릇해지면 빵을 옆으로 세워서 테두리도 노릇노릇하게 익힌다.
6. 접시에 옮겨 담고 메이플 시럽을 끼얹는다.

살살 녹는 식감!

# 프렌치토스트 【담가두는 타입】 ✕ 식빵

호텔이나 전문점에서는 아파레유에 오랜 시간 담갔다가 구워내는 프렌치토스트가 인기입니다. 하지만 달걀과 우유를 섞어 만든 아파레유는 빵에 흡수시키는 데 꼬박 하루가 걸려서 먹고 싶을 때 바로 먹을 수 없고, 달걀이 스며든 빵은 익히기 어려워서 속까지 제대로 익지 않을 우려도 있어요.
그럴 때 시간을 단축하는 방법이 있습니다. 달걀을 체에 걸러 사용할 것, 아파레유가 따뜻할 때 빵을 적실 것 그리고 봉투에 넣어 진공에 가까운 상태로 담가둘 것. 이 3가지를 지키면 비교적 단시간에 완전히 스며듭니다. 굽는 정도는 오븐으로 조절합니다. 먼저 프라이팬에 구워서 색을 낸 다음, 오븐에서 한 번 더 익히면 불 조절에 신경 쓰지 않아도 됩니다. 식빵과 아파레유가 하나로 어우러져 몽글몽글하고 폭신한 프렌치토스트는 정성껏 만들어서 더욱 맛있답니다. 따로 적시는 타입의 프렌치토스트(100~101쪽 참조)와 식감의 차이를 느껴보세요.

### 재료(2개 분량)
사각 식빵(통 식빵을 4장으로 자른 것) … 2장
무염 버터 … 12g
크렘 샹티이※ … 적당량

〈아파레유〉
달걀 … 2개
우유 … 160㎖
그래뉼러당 … 40g
바닐라 빈(101쪽 참조) … 1/4개

※생크림(유지방 38% 내외)에 그래뉼러당을 생크림의 10%만큼 넣고 80%까지 거품을 낸다.

### 만드는 법

**1** 부드럽게 완성하기 위해 사각 식빵의 딱딱한 테두리를 잘라낸다.

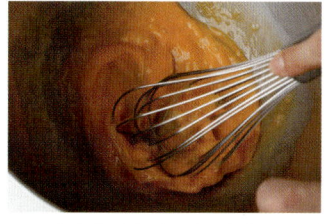

**2** 아파레유를 만든다. 달걀을 볼에 넣고 거품기로 풀어주다가 그래뉼러당을 1/4만 넣고 바닥에 비벼가며 섞는다.

**3** 우유와 남은 그래뉼러당, 세로로 반을 갈라 긁어낸 바닐라 빈을 깍지와 함께 작은 냄비에 넣는다. 끓기 직전까지 데워서 그래뉼러당을 녹이며 섞는다.

**4** 2에 3을 부으며 거품기로 젓는다. 우유가 뜨거우므로 빠르게 섞어야 한다.

**5** 고운체로 4를 거른다. 바닐라 빈의 깍지와 알끈이 제거되어 매끈한 아파레유가 된다.

**6** 1을 내열 지퍼백에 넣고 5가 따뜻할 때 부어 넣는다. 따뜻한 아파레유는 빵에 잘 스며든다.

**7** 6의 공기를 빼며 닫는다. 진공에 가까운 상태가 되어 아파레유가 스며드는 시간이 단축된다. 한 김 식으면 냉장고에 넣는다.

**8** 2시간~하룻밤 동안 냉장고에 넣어 빵에 아파레유를 흡수시킨다.

**9** 프라이팬에 무염 버터의 반을 녹이고 8을 중간 불로 굽는다.

**10** 노릇노릇해지면 뒤집고, 남은 무염 버터를 넣어 반대쪽도 노릇하게 굽는다.

**11** 배트에 유산지를 깔고 10을 올린다. 180℃로 예열한 오븐에 넣어 약 10분간 굽는다. 접시에 담고, 취향에 따라 크렘 샹티이를 곁들인다.

# 프렌치토스트 【담가두는 타입】 ✕ 식빵 + 조리법 응용하기

## 튀긴 프렌치토스트

아파레유를 머금은 식빵을 넉넉히 부은 기름에 튀기기만 하면 됩니다. 폭신하고 고소한 프랑스식 튀김 빵, 베녜(Beignet)가 연상되는 맛이에요. 슈거 파우더를 듬뿍 뿌려 그대로 먹어도 좋고, 라즈베리나 살구 잼을 곁들여도 잘 어울립니다. 갓 튀겨서 따끈따끈할 때 드세요.

**재료(만들기 편한 분량)**
사각 식빵(통 식빵을 4장으로 자른 것) … 2장
튀김기름 … 적당량
슈거 파우더 … 적당량

〈아파레유〉
달걀 … 2개
우유 … 160㎖
그래뉼러당 … 40g
바닐라 빈 … 1/4개

**만드는 법**
1. 아파레유를 만든다(107쪽 참조).
2. 사각 식빵을 4등분해서 내열 지퍼백에 넣고 1을 붓는다. 지퍼백 속의 공기를 최대한 빼면서 닫고(사진①), 2시간~하룻밤 동안 냉장고에 넣어둔다.
3. 튀김기름을 180°C로 달궈서 2를 튀긴다(사진②). 양면이 노릇노릇해지고 부풀어 오르면 배트에 건져낸다.
4. 슈거 파우더를 듬뿍 뿌려 먹는다.

빵은 미리 잘라서 아파레유에 담급니다. 취향에 따라 한입 크기로 잘라도 됩니다.

전체가 노릇노릇해지도록 뒤집으며 튀겨주세요. 폭신하게 부풀어 오르면 완성입니다.

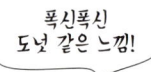

폭신폭신 도넛 같은 느낌!

# 오븐에 구운 프렌치토스트

작게 자른 프렌치토스트는 오븐에서 한꺼번에 구우세요. 한 손으로 집어 먹을 수 있는 크기로 만들면 간식으로 제격이랍니다. 식어도 맛있어요. 재료는 같아도 크기와 굽는 법을 바꾸면 전혀 다른 요리가 됩니다. 바게트를 한입 크기로 잘라 만들어도 좋습니다.

**재료(만들기 편한 분량)**
사각 식빵(통 식빵을 4장으로 자른 것) … 2장
무염 버터 … 적당량
메이플 시럽 … 적당량

〈아파레유〉
달걀 … 2개
우유 … 160㎖
그래뉴러당 … 40g
바닐라 빈 … 1/4개

**만드는 법**
1. 아파레유를 만든다(107쪽 참조).
2. 사각 식빵을 9등분해서 내열 지퍼백에 넣고 1을 붓는다. 지퍼백 속의 공기를 최대한 빼면서 닫고(사진①), 2시간~하룻밤 동안 냉장고에 넣어둔다.
3. 유산지를 깔아둔 오븐 팬에 2를 늘어놓고, 실온에 둔 무염 버터를 윗면에 바른다(사진②). 240℃로 예열한 오븐에서 약 10분간 굽는다.
4. 접시에 담고, 메이플 시럽을 끼얹어 먹는다.

빵은 미리 잘라서 아파레유에 담급니다. 취향에 따라 자르지 않고 만들어도 되는데, 그럴 때는 굽는 시간을 조금 늘리세요.

듬뿍 바른 무염 버터도 맛의 중요한 요소입니다. 더욱 향긋해져요.

바삭바삭 과자 같은 느낌!

# 프렌치토스트 【담가두는 타입】 ✕ 식빵 + 재료 응용하기

## 오렌지 향 프렌치토스트

아파레유에 넣는 우유를 오렌지 주스로 대체하면 과일 맛이 나는 독특한 프렌치토스트가 됩니다.
쿠앵트로의 향 덕분에 어른스러운 맛이 나고, 건포도도 좋은 포인트가 된답니다.
오렌지의 은은한 신맛은 꿀과 잘 어울리는데, 특히 감귤 계열의 꿀을 쓰는 것이 좋아요.

**재료(2개 분량)**

건포도 식빵
(원로프로 구운 것, 25㎜ 두께) … 2장
무염 버터 … 12g

〈아파레유〉
달걀 … 2개
오렌지 주스 … 160㎖
꿀(가능하면 감귤 계열) … 20g
쿠앵트로 … 2작은술

**만드는 법**

1. 아파레유를 만든다. 볼에 달걀을 깨 넣고 풀어주다가 꿀을 넣고 섞는다. 오렌지 주스와 쿠앵트로를 넣고 잘 섞은 후 고운체로 거른다.
2. 건포도 식빵을 지퍼백에 넣고 1을 붓는다. 지퍼백 속의 공기를 최대한 빼면서 닫아 2시간~하룻밤 동안 냉장고에 넣어둔다.
3. 프라이팬에 무염 버터의 반을 녹이고 2를 중간 불에 굽는다. 노릇노릇해지면 뒤집고, 남은 무염 버터를 넣어 반대쪽도 노릇하게 굽는다.
4. 3을 배트에 올리고 180℃로 예열한 오븐에서 약 10분간 굽는다.
5. 접시에 담고 꿀을 끼얹어 먹는다.

산뜻한 과일의 향!

## 일본식 두유 프렌치토스트

두유로 만든 아파레유에 사탕수수 설탕의 부드러운 단맛을 더했습니다. 콩가루와 삶은 팥을 곁들이면 녹차나 호지 차와 함께 먹고 싶은 맛이 납니다.
마무리로 흑당을 끼얹어도 잘 어울리고, 말차 아이스크림을 토핑해도 맛있어요.

**재료(2개 분량)**

사각 식빵(통 식빵을 4장으로 자른 것) … 2장
무염 버터 … 12g
삶은 팥 … 적당량
흑당 … 적당량
콩가루 … 약간

〈아파레유〉
달걀 … 2개
두유 … 180㎖
사탕수수 설탕 … 40g

**만드는 법**

1. 아파레유를 만든다. 볼에 달걀을 깨 넣어 풀어주고, 다른 볼에 두유와 사탕수수 설탕을 넣어 끓기 직전까지 가볍게 저으며 데운다. 달걀에 두유를 붓고 재빨리 섞은 후 고운체로 거른다.
2. 사각 식빵은 테두리를 잘라내고 반으로 자른 다음, 내열 지퍼백에 넣고 1을 붓는다. 지퍼백 속의 공기를 최대한 빼면서 닫아 2시간~하룻밤 동안 냉장고에 넣어둔다.
3. 프라이팬에 무염 버터의 반을 녹이고 2를 중간 불로 굽는다. 노릇노릇해지면 뒤집고, 남은 무염 버터를 넣어 반대쪽도 노릇하게 굽는다.
4. 3을 배트에 올리고 180℃로 예열한 오븐에서 약 10분간 굽는다.
5. 접시에 담고, 작은 거름망에 콩가루를 넣어서 뿌린다. 삶은 팥을 올리고, 흑당을 끼얹어 먹는다.

부드러운 일본식 디저트!

# 프렌치토스트 【담가두는 타입】 ✕ 식빵 + 재료 응용하기

## 황도와 라즈베리를 넣은 가토 프렌치토스트

파운드 틀에 구운 프렌치토스트는 마치 케이크 같아요. 식빵 테두리를 옆면에 넣는 것이 포인트입니다. 아파레유를 흡수해도 흐트러지지 않고, 식어도 높이가 유지돼서 단면이 예쁘거든요. 이 과자는 프랑스의 대표 디저트인 피치 멜바*의 색과 맛을 그대로 닮았습니다. 갓 구운 것은 흐트러지기 쉬우니 한 김 식혀서 드세요. 실온 상태도, 완전히 식은 것도 맛있어요.

* 바닐라 아이스크림에 복숭아 반쪽과 멜바 소스를 얹은 디저트. — 옮긴이 주

### 재료
(210×80×높이 60mm 파운드 틀 1개 분량)

사각 식빵(통 식빵을 4장으로 자른 것) … 3장
황도 통조림(웨지 모양으로 썬 것) … 250g
라즈베리 잼 … 80g
커스터드 크림(36~37쪽 참조) … 80g
아몬드 슬라이스(살짝 구운 것) … 15g

〈아파레유〉
달걀 … 3개
우유 … 200㎖
그래뉴러당 … 50g
바닐라 빈 … 1/3개

### 만드는 법

1. 아파레유를 만든다(107쪽 참조).
2. 사각 식빵의 테두리를 제거하고 반으로 자른다. 테두리는 틀 옆면에 넣어서 사용한다.
3. 배트에 2를 넣고 1을 고루 끼얹는다. 식빵을 뒤집어서 살짝 눌러 전체에 아파레유를 흡수시킨다. 테두리에도 충분히 흡수시킨다.
4. 유산지를 깐 파운드 틀에 3을 깔아준다. 반으로 자른 빵 속을 가운데에, 테두리를 양옆면에 각각 2개씩 넣는다. 1단에 커스터드 크림의 반을 바르고, 황도의 반을 늘어놓은 다음, 황도 사이에 라즈베리 잼의 반을 짜 넣는다. 아몬드 슬라이스의 1/3을 올리고 같은 방법으로 1단을 더 쌓는다.
5. 남은 빵을 덮고, 윗면에 남은 아몬드 슬라이스를 올린다.
6. 180℃로 예열한 오븐에서 약 45분간 굽는다. 굽는 동안에 부풀어 오르므로 도중에 상태를 보고, 맨 위의 빵이 떨어질 듯하면 살짝 눌러준다.
7. 틀에 넣은 채로 한 김 식힌다. 완전히 식으면 원하는 두께로 썬다.

유산지를 큼직하게 잘라서 틀보다 높게 깔아주면 빵이 무너질 염려가 없습니다.

## 카망베르와 사과를 넣은 프렌치토스트 그라탱

그라탱 접시에 만드는 프렌치토스트는 인원수대로 잘라서 먹는 파티 메뉴로 좋습니다. 카망베르 치즈와 사과는 건포도 식빵과 궁합이 좋아서 너무 달지 않고 어른스러운 맛이 납니다. 칼바도스*의 향도 즐길 수 있어요. 계절에 맞는 과일과 치즈로 바꿔서 응용해보세요.

* 프랑스 바스노르망디주에서 생산한 사과 브랜디. — 옮긴이 주

**재료**(1ℓ 용량의 그라탱 접시 1개 분량)

건포도 식빵
(원로프로 구운 것, 15mm 두께) … 5장
사과 … 120g
카망베르 치즈 … 125g
무염 버터 … 15g
호두(살짝 구운 것) … 12g
꿀 … 적당량

〈아파레유〉
달걀 … 2개
우유 … 160㎖
그래뉼러당 … 40g
바닐라 빈 … 1/4개
칼바도스 … 1큰술

**만드는 법**

1. 아파레유를 만들어(107쪽 참조) 칼바도스를 넣고 섞는다.
2. 건포도 식빵을 반으로 자른다.
3. 배트에 2를 넣고 1을 고루 끼얹는다. 건포도 식빵을 뒤집어서 살짝 눌러 전체에 아파레유를 흡수시킨다.
4. 그라탱 접시 안쪽에 무염 버터를 1/3만큼 바르고 2를 깔아준다.
5. 사과는 7mm 두께로 썰고, 카망베르는 방사형으로 12등분한다. 빵 사이에 카망베르와 사과를 번갈아 넣는다. 다진 호두를 올리고, 남은 무염 버터를 작게 잘라서 얹는다.
6. 180°C로 예열한 오븐에 5를 넣고 약 30분간 굽는다. 카망베르가 녹고 노릇노릇해지면 꺼낸다.
7. 완성된 그라탱에 꿀을 끼얹고, 원하는 크기로 썬다.

와인과 함께!

# 프렌치토스트 살레 ✕ 식빵

프렌치토스트 살레(salé)에서 살레는 '짠맛'이라는 뜻으로, 이름 그대로 짭조름한 프렌치토스트입니다. 오믈렛, 키슈처럼 달걀과 우유에 짭조름한 맛을 더해서 빵과도 잘 어울리지요.
아파레유의 양을 줄이면 담가두는 시간이 짧아도 금방 구울 수 있습니다. 가운데에는 빵 자체의 폭신한 식감이 남아 있어서 토스트처럼 가볍게 먹을 수 있어요. 빵 위에 파르메산 치즈를 듬뿍 뿌려 향과 감칠맛을 곁들이면 그대로 먹어도 맛있습니다.

**재료(2개 분량)**

사각 식빵(통 식빵을 5장으로 자른 것) … 2장
무염 버터 … 12g
파르메산 치즈(가루) … 2~3큰술
흑후추 … 약간

〈아파레유〉
달걀 … 1개
우유 … 80㎖
소금 … 약간
백후추 … 약간

**만드는 법**

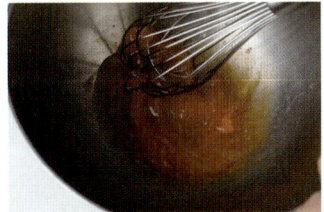

1 아파레유를 만든다. 달걀을 볼에 깨어 풀어주다가 소금을 넣고 바닥에 비벼가며 섞는다.

2 1에 우유를 넣어 섞는다.

3 백후추로 간한다.

4 고운체에 3을 거른다. 이때 알끈이 제거되어 아파레유가 매끈해지고, 빵에도 잘 스며든다.

5 배트에 사각 식빵을 넣고 4를 고루 끼얹는다.

6 식빵을 세워서 테두리에도 아파레유를 흡수시킨다.

7 달콤한 프렌치토스트보다 아파레유의 양이 적어서 빨리 흡수된다.

8 식빵 양면에 파르메산 치즈를 듬뿍 묻힌다.

9 프라이팬에 무염 버터를 반만 녹이고 8을 중간 불로 굽는다.

10 노릇노릇해지면 뒤집고, 남은 무염 버터를 넣어 반대쪽도 노릇하게 굽는다.

11 10을 세워서 테두리까지 굽는다. 접시에 담고, 취향에 따라 파르메산 치즈(분량 외)와 흑후추를 뿌린다.

# 프렌치토스트 살레 ✕ 식빵 + 재료 응용하기

## 프렌치토스트 살레 아침 식사 플레이트

프렌치토스트 살레가 주요리인 아침 식사는 달걀 프라이를 얹어 반숙 노른자를 소스처럼 먹으면 맛있습니다. 바삭하게 구운 베이컨과 샐러드를 곁들여 완벽한 식사를 즐겨보세요.
양을 줄이지 않은 아파레유에 작은 식빵을 적셔서 달걀의 진한 감칠맛이 더욱 잘 느껴집니다. 토핑용 달걀 요리는 취향에 따라 포치드 에그나 스크램블드에그로 바꾸어도 맛있어요.

**재료(1접시 분량)**

사각 식빵(작은 것, 25mm 두께) … 1장
무염 버터 … 8g
파르메산 치즈(가루) … 1큰술
반숙 달걀 프라이(29쪽 참조) … 1개
베이컨 … 2장
어린잎 … 적당량
소금 … 약간
흑후추 … 약간
프렌치토스트 살레의 아파레유
(115쪽 참조) … 1단위 분량의 1/2

**만드는 법**

1. 아파레유를 만든다(115쪽 참조).
2. 배트에 사각 식빵을 넣고 1을 고루 끼얹는다. 식빵을 뒤집어 살짝 눌러서 전체에 아파레유를 흡수시킨다. 테두리에도 충분히 흡수시킨 다음, 양면에 파르메산 치즈를 묻힌다.
3. 프라이팬에 무염 버터의 반을 녹이고 2를 중간 불로 굽는다. 노릇노릇해지면 뒤집고, 남은 무염 버터를 넣어서 반대쪽도 노릇하게 굽는다.
4. 베이컨은 양면을 바삭하게 굽는다.
5. 3을 접시에 담고, 반숙 달걀 프라이를 올린다. 달걀 프라이 위에 소금과 굵게 간 흑후추를 뿌리고, 4와 어린잎을 곁들인다.

주말 브런치로!

# 몬테크리스토 샌드위치

햄 치즈 샌드위치를 프렌치토스트로 변형한 미국식 크로크무슈입니다. 햄 외에 칠면조 고기도 널리 사용되며, 샌드위치 전체를 튀겨서 만들기도 합니다.
슈거 파우더를 뿌리고 베리 잼을 곁들이는 것이 기본인데, 잼을 듬뿍 발라 먹으면 맛있습니다. 달콤 짭조름해서 입맛을 돋운답니다.

**재료**(1개 분량)

사각 식빵(통 식빵을 6장으로 자른 것) … 2장
무염 버터 … 16g
돼지 뒷다리 햄 … 20g
슬라이스 치즈
(그뤼에르 치즈 또는 에멘탈 치즈) … 2장(36g)
잼(라즈베리, 블루베리 등 좋아하는 것) … 적당량
슈거 파우더 … 약간
프렌치토스트 살레의 아파레유
(115쪽 참조) … 1단위 분량의 1/2

**만드는 법**

1. 아파레유를 만든다(115쪽 참조).
2. 사각 식빵의 한쪽 면에 무염 버터를 3g씩 바르고, 그 사이에 슬라이스 치즈, 햄, 슬라이스 치즈 순으로 넣는다.
3. 배트에 2를 넣고 1을 고루 끼얹는다. 식빵을 뒤집어 살짝 눌러서 전체에 아파레유를 흡수시킨다.
4. 프라이팬에 무염 버터 5g을 녹이고 3을 중간 불로 굽는다. 노릇노릇해지면 뒤집고, 남은 무염 버터를 넣어서 반대쪽도 노릇하게 굽는다.
5. 4의 윗면에 슈거 파우더를 작은 거름망으로 뿌린다. 4등분해서 접시에 담고 잼을 곁들인다.

잼을 듬뿍 발라 드세요!

# 프렌치토스트 살레 ✕ 식빵 + 재료 응용하기

## 햄 달걀 브로콜리 크로크 케이크

크로크 케이크(Croque-cake)란 크로크무슈와 케이크 살레를 결합한 요리로, 아파레유에 담근 빵을 파운드 틀에 넣어 굽습니다. 딱딱해진 빵을 활용하기 적합한, 프렌치토스트가 진화한 요리라 할 수 있습니다. 주로 햄과 치즈를 넣는데, 어울릴 만한 다른 재료를 추가해 단면이 바뀌는 모습도 즐겨보세요.

**재료**
(210×80×높이 60mm 파운드 틀 1개 분량)

사각 식빵(통 식빵을 5장으로 자른 것) … 3장
돼지 뒷다리 햄 … 60g
베샤멜 소스(87쪽 참조) … 90g
브로콜리를 넣은 달걀 샐러드※ … 1회 분량
슈레드 치즈 … 45g
이탈리안 파슬리 … 약간

〈아파레유〉
달걀 … 3개
우유 … 200㎖
소금 … 1/4작은술
백후추 … 약간

※브로콜리를 넣은 달걀 샐러드
완숙 삶은 달걀 2개는 굵게 다져서 소금, 백후추를 뿌리고, 마요네즈 30g과 소금물에 데쳐 굵게 다진 브로콜리 30g을 넣어 섞는다.

**만드는 법**
1. 아파레유를 만든다(115쪽 참조).
2. 사각 식빵은 테두리를 제거하고 반으로 자른다. 테두리는 틀 옆면에 넣어서 사용한다.
3. 배트에 2를 넣고 1을 고루 끼얹는다. 식빵을 뒤집어 살짝 눌러서 전체에 아파레유를 흡수시키고, 테두리에도 완전히 흡수시킨다.
4. 유산지를 깔아둔 파운드 틀에 3을 넣는다. 반으로 자른 빵 속을 가운데에, 테두리를 양 옆면에 각각 2개씩 넣는다. 1단에 베샤멜 소스 절반을 바르고 햄을 올린다. 브로콜리를 넣은 달걀 샐러드도 반을 넣고 슈레드 치즈 1/3을 고루 뿌린다. 같은 방법으로 1단을 더 만든다.
5. 남은 빵을 덮고, 윗면에 남은 슈레드 치즈를 올린다.
6. 180℃로 예열한 오븐에서 약 45분간 굽는다. 굽는 동안 부풀어 오르므로 도중에 상태를 보고, 맨 위의 빵이 떨어질 듯하면 살짝 눌러준다.
7. 틀에 넣은 채로 한 김 식힌다. 잘게 채 썬 이탈리안 파슬리를 얹고, 원하는 두께로 썬다.

한 김 식을 때까지 틀에서 꺼내지 말고 그대로 두세요. 완전히 식으면 테두리를 넣은 옆면 외에는 납작하게 가라앉습니다.

# 카프레제 프렌치토스트 그라탱

프렌치토스트를 그라탱 접시에 채워 구우면 파티에 어울리는 맛있는 요리가 됩니다. 카프레제의 재료인 토마토, 모차렐라 치즈, 바질로 산뜻한 맛을 내서 와인 안주로도 아주 좋아요. 생햄으로 짭조름한 맛을 더하고, 올리브유를 듬뿍 끼얹으면 근사한 맛의 조화를 이룹니다. 제철 재료로 자유롭게 응용할 수 있어요.

**재료**(1ℓ 용량의 그라탱 접시 1개 분량)

사각 식빵(통 식빵을 8장으로 자른 것) … 3장
방울토마토 … 100g
모차렐라 치즈(가능하면 모차렐라 볼) … 100g
생햄(프로슈토) … 3장
바질 … 큰 것 3~4장
E.V.올리브유 … 20㎖

〈아파레유〉
달걀 … 2개
우유 … 160㎖
소금 … 약간
백후추 … 약간

**만드는 법**

1. 아파레유를 만든다(115쪽 참조).
2. 사각 식빵은 테두리를 남겨 8등분한다. 배트에 1을 넣고 식빵을 충분히 적신다.
3. 그라탱 접시 안쪽에 E.V.올리브유를 1/3만 바르고 2를 채워 넣는다.
4. 생햄은 찢어서 3의 식빵 사이사이에 끼워 넣는다. 반으로 자른 방울토마토와 모차렐라 치즈를 올리고, 남은 E.V.올리브유를 고루 끼얹는다.
5. 180℃로 예열한 오븐에 4를 넣고 약 30분간 굽는다. 모차렐라 치즈가 녹아서 노릇노릇해지면 꺼낸다.
6. 손으로 찢은 바질 잎을 얹어서 마무리한다. 원하는 크기로 자르고, E.V.올리브유(분량 외)를 끼얹는다.

방울토마토는 자른 면이 위로 가게 올려야 굽는 동안 즙이 흘러나오지 않고 촉촉한 반건조 상태로 구워집니다.

화이트와인과 함께!

프렌치토스트 ✕ 식빵 테두리
# 식빵 테두리 푸딩

요리하다 보면 어느새 남아 있는 식빵 테두리. 보통은 튀겨서 설탕을 뿌려 먹거나 러스크를 만드는데, 소박한 옛날 간식 같은 느낌이지요. 그런 이미지를 바꾸기 위해 만든 메뉴가 브레드 푸딩입니다.

모아둔 식빵 테두리에 바닐라 향이 나는 아파레유를 넣습니다. 틀째 냉장고에 넣어 하룻밤 동안 아파레유를 완전히 흡수시킨 후 중탕으로 천천히 굽습니다. 테두리만의 고소한 맛과 적당히 남아 있는 식감이 포인트입니다. 모자이크 모양의 단면도 매력적이랍니다. 테두리를 일부러 남겨서라도 만들고 싶은 추천 메뉴예요.

**재료**(210×80×높이 60㎜ 파운드 틀 1개 분량)

사각 식빵 테두리 … 180g
무염 버터 … 적당량
메이플 시럽 … 적당량
크렘 샹티이(107쪽 참조) … 적당량

〈아파레유〉
달걀 … 3개
달걀노른자 … 1개
우유 … 300㎖
그래뉼러당 … 60g
바닐라 빈 … 1/3개

**만드는 법**

1. 사각 식빵의 테두리는 얇은 것은 그대로 쓰고, 통 식빵을 4~5장으로 두툼하게 자른 것은 세로로 길게 등분한다. 분량의 1/3은 길이도 반으로 자른다(사진①).
2. 아파레유를 만든다(107쪽 참조). 파운드 틀 안쪽에 무염 버터를 바르고, 아파레유와 1을 번갈아 넣는다. 빵 테두리를 살짝 눌러 아파레유를 흡수시키며 모두 넣는다(사진②). 랩을 씌워서 냉장고에 하룻밤 동안 두어 아파레유를 완전히 흡수시킨다.
3. 알루미늄 포일 안쪽에 무염 버터를 바르고 2의 위에 덮는다. 180℃로 예열한 오븐에 넣고 약 45분간 중탕으로 굽는다.
4. 오븐에서 꺼내 알루미늄 포일을 벗기고 틀에 넣은 채로 한 김 식힌다(사진③). 구운 직후에는 윗면이 부풀어 있지만, 식으면 납작하게 가라앉는다. 한 김 식으면 냉장고에 넣어 차갑게 만든다.
5. 원하는 두께로 잘라서 접시에 담아 크렘 샹티이를 곁들이고, 메이플 시럽을 끼얹는다.

최고의 식빵 테두리 레시피!

05

# 달걀과 어울리는
# 여러 가지 빵

## 【 식빵 · 종류 】

식빵은 대표적인 식사 빵입니다. 틀에 넣어 굽기 때문에 크럼(빵 속)은 촉촉하고 결이 고우며 크러스트(껍질, 테두리)는 너무 단단하지 않고 식감이 좋은 것이 특징입니다.
맛이 담백해서 다양한 재료와 조합할 수 있습니다. 우리의 주식인 '밥'처럼 매일 식탁에서 손쉽게 접할 수 있는 일상적인 빵입니다.
원하는 두께로 잘라서 그대로 먹거나 토스트, 샌드위치 등 여러 형태로 즐길 수 있는 점이 매력이지요.
이 책에서는 달걀과 함께 먹는 기본 빵을 다양하게 응용하는 법을 소개합니다.

### 사각 식빵
가장 기본적인 담백한 식빵. 틀에 뚜껑을 덮어서 굽기 때문에 속이 촉촉하고 부드러워서 샌드위치는 물론, 토스트로도 좋다. 다양한 두께로 잘라서 먹을 수 있다.

### 통밀 식빵
통밀가루로 만들어 식이섬유가 풍부한 건강 빵. 최근 인기가 높아지고 있다. 소박한 맛과 구수한 향이 특징이며, 그레이엄 브레드라고도 한다.

### 호밀 식빵
호밀가루를 섞어서 향이 좋은 이 식빵은 샌드위치에 적합하다. 얇게 썰어 먹어야 맛있다. 유제품, 해산물과도 잘 어울리고 개성 있는 맛을 즐길 수 있다.
* 이 책에서는 캐러웨이 씨가 든 호밀 식빵을 사용한다.

### 산형 식빵
뚜껑을 덮지 않고 구운 식빵이다. 부풀어 오른 윗부분이 산 모양을 닮아서 산형 식빵으로 불린다. 별명은 영국 빵. 사각 식빵보다 결이 거칠어 토스트했을 때 바삭한 식감을 즐길 수 있다.

### 원로프 식빵
원로프 틀이라는 작은 직사각형 틀로 구운 식빵. 일반적인 식빵보다 작아서 본래의 크기대로 활용하는 것이 좋다.

### 건포도 식빵
반죽에 부재료를 넣은 여러 식빵 중에서 가장 구하기 쉽고 응용하기도 좋다. 새콤달콤한 건포도가 빵의 맛을 살려주며, 샌드위치나 프렌치토스트에도 잘 어울린다.
* 이 책에서는 원로프로 구운 식빵을 사용한다.

# 【 식빵 · 달걀 샐러드와의 궁합 】

달걀과 빵을 조합할 때 쓰는 기본 빵은 '식빵'입니다. 2장에서 소개한 '삶은 달걀×식빵(48~65쪽 참조)'으로 예를 들어 기본 조합법을 더 맛있게 응용하는 방법을 생각해봅시다.
우선, 흰 사각 식빵과 기본 달걀 샐러드의 조합을 기반으로 통밀 식빵, 호밀 식빵 각각에 어울리는 조리법을 찾아봅시다. 빵의 두께, 달걀을 써는 크기, 맛의 균형을 하나하나 분석해서 재구성했습니다.

사각 식빵　　　　　통밀 식빵　　　　　호밀 식빵

**포인트① 빵의 맛**

순하다 ←　　　　　　　　　　　　　　　　　　　　　　　　　→ 강하다

우선 빵 자체의 식감과 향이 어떤지, 단맛인지 짠맛인지 등을 파악하면 어울리는 재료를 찾을 수 있습니다. 색이 진한 빵일수록 맛이 강합니다. 흰 식빵은 맛이 순하고 통밀 식빵은 고소함과 진한 감칠맛이 있습니다. 호밀 식빵은 거기에 시큼하고 묵직한 맛까지 더해졌지요. 넣는 재료의 맛을 살릴 수 있는 빵의 두께도 생각해야 합니다.

**포인트② 재료와의 궁합**

가벼운 재료 ←　　　　　　　　　　　　　　　　　　　　　→ 묵직한 재료

재료의 간도 강약을 맞춰서 맛이 연한 빵에는 가벼운 재료를, 맛이 강한 빵에는 묵직한 재료를 넣으면 잘 어우러집니다. 그렇다고 간의 균형만 고려하다 보면 인상적인 요리가 되지 않을 수도 있어요. 여기에 독특한 향과 식감을 더하면 맛이 한 단계 업그레이드됩니다.

**포인트③ 달걀 샐러드와의 궁합**

담백한 맛 ←　　　　　　　　　　　　　　　　　　　　　　→ 시큼한 맛

②와 ③을 동시에 고려하여 달걀 샐러드의 비중과 샌드위치의 맛을 생각해봅시다. 달걀 샐러드를 주재료로 해서 빵 사이에 달걀 샐러드만 넣을지, 달걀 샐러드를 부재료로 해서 다른 재료도 함께 넣을지에 따라 어울리는 빵이 다릅니다. 흰 빵에는 담백한 달걀 샐러드를 넣고, 맛이 강한 빵에는 달걀 샐러드에 허브나 향신료를 넣어 포인트를 주거나 유제품으로 신맛과 감칠맛을 더하는 등 다양하게 응용하면 더욱 맛있어집니다. 평범한 조합이라도 조금만 관점을 바꾸면 새로운 맛을 낼 수 있어요. 더하기만 하지 말고 빼기도 생각해서 최적의 레시피를 만들어보세요.

조합 예　　　　　　　조합 예　　　　　　　조합 예

**기본 달걀 샐러드 샌드위치**
(48, 50쪽 참조)

은은한 단맛이 나는 빵과 기본 달걀 샐러드의 담백하면서 부드러운 조합.

**허브 달걀 & 햄 믹스 샌드위치**
(61쪽 참조)

빵의 소박한 풍미를 살려주는 허브의 향, 유제품의 감칠맛과 신맛이 잘 어울린다.

**달걀 연어 아보카도 호밀빵 샌드위치**
(65쪽 참조)

호밀의 시큼한 맛, 유제품의 신맛과 감칠맛, 연어의 훈제 향이 더욱 살아나는 깊은 맛.

## 【 식빵 · 두께에 따른 조합 】

4장 자르기　5장 자르기　6장 자르기　8장 자르기　10장 자르기　12장 자르기

**4장으로 잘라서…**

 →

**스크램블드에그 샌드위치**
(78쪽 참조)

토스트, 프렌치토스트, 오픈 샌드위치에 1장만 사용한다. 포켓 샌드위치로 만들어도 좋다.

**5장으로 잘라서…**

 →

**달걀조림 샌드위치**
(59쪽 참조)

두툼함을 살려서 재료를 듬뿍 넣은 샌드위치로 만든다. 토스트나 프렌치토스트에 1장만 사용해도 된다.

**6장으로 잘라서…**

 →

**달걀 & 치킨 스틱 채소 샌드위치**
(57쪽 참조)

2장 사이에 재료를 듬뿍 넣은 푸짐한 샌드위치로 만든다. 입안 가득 씹히는 식감도 아주 좋다.

**8장으로 잘라서…**

 →

**달걀 & 콘 샐러드 샌드위치**
(58쪽 참조)

2장으로도 너무 두툼하지 않고 적당히 볼륨 있는 샌드위치를 만들 수 있다. 빵의 두께를 정하기 어렵다면 8~10장으로 잘라서 만들어보자.

**10장으로 잘라서…**

 →

**매끈한 달걀 샐러드 샌드위치**
(49, 51쪽 참조)

2장은 물론 3장으로도 만들 수 있어 활용도가 높은 두께. 빵의 두께를 정하기 어렵다면 8~10장으로 잘라서 만들어보자.

**12장으로 잘라서…**

 →

**둥글게 자른 달걀 & 햄 양상추 믹스 샌드위치** (62쪽 참조)

고급스러운 샌드위치에 어울리는 얇은 두께. 2장으로 티 샌드위치를 만들어도 좋고 3장으로 만들어도 먹기 편하다.

**【 번외편 토스트로 응용하기 】**

4장으로 자른 식빵 속을 도려내서…

**시저 샐러드 토스트**
(93쪽 참조)

두툼한 식빵은 테두리의 7mm 안쪽에 칼을 넣어서 크럼(빵 속)을 도려낸다. 크럼은 한입 크기로 썰고, 테두리와 크럼을 따로 토스트한다. 달걀, 채소를 곁들이면 근사한 요리가 된다.

## 칼의 종류와 사용법

여러 칼 중 하나만 고른다면 톱니 모양의 긴 브레드 나이프가 쓸모가 많다. 커다란 캉파뉴와 바게트도 손쉽게 자를 수 있다.

톱니 모양의 짧은 칼은 작은 빵을 자르거나 식빵 속을 도려낼 때처럼 세밀하게 자르기에 편리하다. 날이 짧아서 큰 빵에는 적합하지 않다.

끝만 톱처럼 생긴 평평한 브레드 나이프는 바게트처럼 딱딱한 빵에는 적합하지 않지만, 식빵은 매끈하게 자를 수 있다. 식빵 샌드위치에 적합하다.

작은 필링 나이프는 보통 빵에는 사용하지 않지만, 섬세한 작업에 적합하다. 브리오슈 아 테트의 속을 도려낼 때 편리하다.

톱니 모양 날로 부드러운 빵을 자르면 단면이 거칠어지고 금방 마른다. 식빵은 평평한 날로 자르는 것이 좋다. 샌드위치를 만들 때는 잘 갈아서 사용한다.

## 【바게트】
Baguette

프랑스를 대표하는 식사 빵 바게트는 막대 모양으로 길쭉하게 굽습니다. 고소한 크러스트가 특징입니다. 밀가루, 소금, 물, 효모로만 만드는 단순한 빵이지만 씹을수록 깊은 맛이 납니다. 샌드위치를 만들거나 요리와 함께 먹고, 딱딱해졌을 때 수프에 넣기도 합니다. 프렌치토스트, 러스크 등으로 다양하게 활용할 수 있습니다.

**자르는 법 POINT** 길쭉한 바게트는 필요에 따라 여러 가지로 잘라서 즐길 수 있다.

① 어슷썰기
수프나 샐러드에 곁들여서

③ 둥글게 자르기(얇게)
카나페로

④ 둥글게 자르기(두껍게)
요리에 곁들여서

② 둥글게 자르기(아주 얇게)
러스크로

**아쿠아코타**
딱딱해진 빵으로 만드는 이탈리아 토스카나 지방의 수프로, 채소죽 같은 느낌이다. 반숙 노른자를 풀어서 먹으면 맛있다(175쪽 참조).

⑤ 샌드위치용
가로로 칼집을 넣어서

**아몬드, 코코넛 튀일 러스크**
노른자를 쓰고 남은 흰자를 활용한 튀일 러스크는 일부러 흰자를 남겨서라도 만들고 싶은 맛(184~185쪽).

⑥ 깍둑썰기
크루통으로 만들거나 수프에 넣어서

**소파 데 아호**
딱딱해진 빵과 마늘을 E.V.올리브유로 볶아서 만드는 스페인식 수프로, 주재료는 빵이다 (174쪽 참조).

**보카디요**
스페인의 대표적인 바게트 샌드위치. 토르티야라고 부르는 오믈렛을 큼직하게 끼워 만든다. 노릇하게 구운 오믈렛과 바게트를 꼭꼭 씹어 먹으면 맛있다.

**만드는 법**
바게트 안쪽에 E.V.올리브유를 바르고 토르티야(172쪽 참조)를 넣는다. 토마토 크림소스(176쪽 참조)를 듬뿍 끼얹는다.

## 【 피셀 】
Ficelle

프랑스어로 '끈'이라는 뜻의 길쭉한 빵. 바게트와 같은 반죽으로 만듭니다. 작아서 샌드위치로 만들면 먹기 편합니다.

자르는 법 POINT

옆면의 정 가운데보다 조금 위쪽에 가로로 칼집을 넣는다.

**새우 달걀 라디치오 피셀 샌드위치**
만드는 법
피셀 안쪽에 무염 버터를 바르고 라디치오, 삶은 달걀, 데친 새우살 순으로 넣는다. 오로라 소스(35쪽 참조)를 듬뿍 곁들인다.

## 【 반미 】
Bánh mì

베트남식 프랑스빵인 반미는 껍질이 얇고, 바삭하면서 가벼운 식감이 특징입니다. 소프트 프랑스빵이나 피셀로 대체할 수 있습니다.

자르는 법 POINT

옆면의 정 가운데보다 조금 위쪽에 가로로 칼집을 넣는다.

**달걀 프라이 반미**
조미료만 바꿔도 늘 먹던 달걀 프라이에서 베트남의 맛이 난다!
(147, 149쪽 참조)

## 【 바타르 】
Batard

바게트와 같은 반죽을 바게트보다 크고 짧게 성형해서 굽습니다. 크럼의 비율이 높아서 먹기 편하고, 크러스트의 고소한 맛과 균형이 좋은 프랑스빵입니다.

자르는 법 POINT

② 어슷썰기(칼집을 넣어서)
①에 칼집을 넣어서 샌드위치로 만든다.

① 어슷썰기
요리에 곁들인다. 프렌치토스트로 만들어도 좋다.

**외프 아 라 피페라드 바타르 샌드위치**
만드는 법
어슷하게 잘라서 칼집을 넣은 바타르 안쪽에 E.V.올리브유를 바른다. 그 속에 루콜라, 생햄, 외프 아 라 피페라드(171쪽 참조)를 넣는다.

## 【 불 】
Boule

바게트와 같은 반죽을 둥글게 구운 것입니다. 바타르와 마찬가지로 빵 속을 좋아하는 분에게 적합합니다. 둥근 모양을 살리면서 여러 형태로 자르면 다양하게 응용할 수 있습니다(138쪽 참조).

자르는 법 POINT

가운데에서 방사형으로 자르면 크러스트와 크럼의 균형이 잘 맞는다.

## 【팽 드 캉파뉴】
### Pain de campagne

프랑스의 소박한 시골 빵. 큰 원형, 반 원통형 등 모양도 맛도 만드는 사람에 따라 다릅니다. 크고 묵직하게 만든 타입은 얇게 잘라서 타르틴*으로 먹습니다. 가벼운 타입은 바타르처럼 썰어서 샌드위치로 만들어도 좋아요.

* 빵 조각 위에 각종 재료를 얹어 먹는 프랑스식 오픈 샌드위치. ─ 옮긴이 주

(반 원통형)

**자르는 법 POINT**
타르틴용 캉파뉴는 약 12mm 두께로 자른다. 빵이 큰 경우 반으로 어슷하게 썰면 먹기 편하다.

### 아보카도 포치드 에그 타르틴
**만드는 법**
아보카도는 포크 뒷면으로 대강 으깨고 레몬즙과 E.V.올리브유를 뿌린 다음, 소금, 백후추, 칠리페퍼로 간한다. 얇게 자른 팽 드 캉파뉴는 살짝 토스트한다. 빵에 아보카도를 듬뿍 바르고 포치드 에그(30~31쪽 참조)를 올린다. 사워 마요네즈 소스(35쪽 참조)를 끼얹고 잘게 다진 차이브와 칠리페퍼를 뿌린다.

**자르는 법 POINT**
요리에 곁들인다면 원하는 두께로 자른다. 샌드위치로 만든다면 30mm 두께로 잘라서 가운데에 칼집을 넣는다.

## 【팽 드 세글】
### Pain de seigle

프랑스식 호밀빵. 호밀의 비율이 높아 색이 진하고 결도 촘촘하며 묵직합니다. 은은한 신맛과 독특한 향이 있어 요리와 와인의 맛을 살려줍니다.

**자르는 법 POINT** 약 10mm 두께로 자른다.

### 팽 드 세글을 곁들인 외프 앙 뫼레트
레드와인을 듬뿍 넣은 소스의 감칠맛과 신맛이 호밀빵의 시큼한 향과 조화를 이루어 어른스러운 맛을 낸다(170쪽 참조).

## 【로겐미슈브로트】
Roggenmischbrot

호밀의 비율이 높은 독일의 전통 호밀빵. 결이 촘촘하고 묵직하며 속은 촉촉합니다. 버터, 치즈, 햄과 잘 어울려서 샌드위치에 적합합니다.

자르는 법 POINT  8~12mm로 취향에 맞게 자른다.

**작은 새우 달걀 스뫼레브뢰**
나이프와 포크로 먹는 덴마크식 오픈 샌드위치. 새우와 달걀은 평범한 재료지만, 시큼한 호밀빵이 입맛을 돋운다(158, 160쪽 참조).

## 【베를리너 란트브로트】
Berliner Landbrot

독일 베를린식 시골 빵으로, 납작한 타원형과 표면의 갈라진 무늬가 특징입니다. 식감이 촉촉하고 쫄깃하며, 로겐미슈브로트처럼 치즈나 햄과 잘 어울려서 샌드위치로 적합합니다.

자르는 법 POINT  8~12mm로 취향에 맞게 자른다.

**올랑데즈를 곁들인 화이트 아스파라거스와 베를리너 란트브로트**
독일인이 가장 좋아하는 봄의 별미. 화이트 아스파라거스에 듬뿍 끼얹은 올랑데즈 소스가 시큼한 호밀빵과 잘 어울린다(178쪽 참조).

## 【 크루아상 】
Croissant

프랑스에서 아침 식사로 자주 먹는 빵입니다. 버터를 넣고 반죽을 접어 말면 층이 생겨서 파이처럼 구워져요. 파삭한 껍질과 버터 향의 부드러운 속이 매력적입니다. 프랑스에서는 샌드위치로 만들기보다 그냥 먹는 경우가 많습니다.

자르는 법 POINT
반죽이 말린 방향을 따라서 칼집을 넣으면 층이 벗겨지지 않는다. 크루아상을 정면으로 놓았을 때 등 쪽(왼쪽 크루아상 사진의 위쪽)부터 칼집을 넣는다. 옆면의 정 가운데가 아닌 약간 위쪽부터 비스듬히 아래로 자르면 속 재료가 잘 보인다.

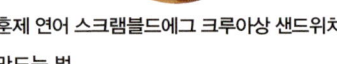

**훈제 연어 스크램블드에그 크루아상 샌드위치**
만드는 법
크루아상은 옆으로 칼집을 넣고, 안쪽에 무염 버터를 바른다. 루콜라, 스크램블드에그(24~25쪽 참조), 사워 마요네즈 소스(35쪽 참조), 훈제 연어 순으로 빵 속에 넣는다.

## 【 팽 비에누아 】
Pain viennois

은은한 단맛이 나는 세미 하드 빵. 잘게 칼집을 넣어 구운 모양이 특징입니다. 바삭하게 씹히는 맛이 좋고, 속의 결이 촘촘하며 길쭉한 모양이 먹기 편해서 샌드위치로 적합합니다. 부드러운 재료와 궁합이 좋아 달걀과도 잘 어울려요.

자르는 법 POINT
옆면의 정 가운데보다 조금 위쪽에 비스듬히 칼집을 넣는다.

**살라미 달걀 비에누아 샌드위치**
삶은 달걀과 사워 마요네즈 소스가 살라미의 풍부한 맛을 감싸주며 조화를 이룬다. 달걀 햄 쿠페빵(134쪽 참조)과 넣는 재료는 비슷하지만, 프랑스빵이 주는 색다른 맛이 있다 (155, 157쪽 참조).

## 【 브리오슈 아 테트 】
Brioche à tête

브리오슈는 달걀과 버터를 듬뿍 넣은 프랑스식 고배합 빵으로, 모양이 아주 다양해요. 프랑스에서는 주로 푸아그라나 소시지와 함께 먹습니다. 우리에게는 간식 빵의 이미지가 강하지만 식사용으로도 좋아요. 테트는 프랑스어로 '머리'라는 뜻인데, 반죽 윗부분을 둥글게 올리고 꽃잎 모양 틀에 구운 독특한 모양을 나타냅니다.

자르는 법 POINT
윗부분의 둥근 머리를 자르고 단면을 따라 아랫부분을 둥글게 도려낸다.

**오렌지 향 브리오슈 그라탱**
도려낸 빵 속에 마멀레이드와 크림치즈를 듬뿍 채워 넣는다. 빵의 종류에 따른 활용법을 연구하면 평범한 요리가 색다르게 변신한다(190~191쪽 참조).

**브리오슈 파르시**
만드는 법
브리오슈 아 테트는 둥근 머리를 자르고 아랫부분의 속을 도려낸다. 허브 달걀 샐러드(60쪽 참조)를 채워 넣고, 그 위에 잘라낸 머리를 올린다. 과일과 크림을 넣어 디저트로 만들어도 좋다(188~189쪽 참조).

## 【브리오슈 낭테르】
Brioche Nanterre

틀에 넣어 식빵처럼 구운 브리오슈. 얇게 자를 수 있어서 샌드위치, 프렌치토스트로 폭넓게 활용할 수 있습니다.

**자르는 법 POINT**
샌드위치는 약 12㎜, 프렌치토스트는 20~30㎜ 두께로 자른다.

**브리오슈 과일 샌드위치**
달걀과 버터가 듬뿍 든 브리오슈로 과일 샌드위치를 만들면 아주 풍부한 맛이 난다 (186~187쪽 참조).

## 【판도로】
Pan doro

달걀과 버터를 충분히 넣어 부드럽고 풍부한 맛이 나는 이탈리아의 크리스마스 발효 과자. 판도로는 이탈리아어로 '황금빵'이라는 뜻인데, 이름에 걸맞게 선명한 황금색을 띱니다. 별 모양은 예쁘기도 하지만 구울 때도 고르게 익습니다. 슈거 파우더를 넉넉히 뿌려서 먹습니다.

**자르는 법 POINT**
모서리의 각에 맞춰서 방사형으로 자르는 것이 기본. 옆으로 자르면 크기가 제각각인 별 모양이 된다.

**판도로 베리 자바이오네 그라탱**
판도로로 만드는 디저트 그라탱은 별 모양이 인상적이다. 큼직하게 만들면 나눠 먹는 재미가 있다(183쪽 참조).

# 【 쿠페빵 】

コッペパン

일본에서 만든 부드러운 빵. 무난한 맛이라 재료를 가리지 않아서 달콤한 재료나 반찬과도 잘 어울립니다. 한입에 먹기 좋은 모양과 은은한 단맛, 부드러운 식감 덕분에 먹기 편하고, 우리 입맛에 잘 맞는 빵으로 인기를 끌고 있습니다.

**자르는 법 POINT**

**위에서 자르기**
윗부분에 칼집을 넣는다. 재료를 끼워 넣으면 빵이 좌우로 벌어져서 잘 보이고 볼륨이 생긴다. 넣은 재료를 알아보기 쉽지만, 너무 많이 넣으면 먹기 불편해진다.

**자르는 법 POINT**

**옆으로 자르기**
옆에 칼집을 넣는다. 재료를 바르기만 한다면 옆면 정 가운데를 똑바로 자른다. 재료를 듬뿍 넣으려면 옆면 정 가운데보다 조금 위쪽을 비스듬히 자른다. 빵 윗부분으로 덮어주기 때문에 재료를 듬뿍 넣어도 먹기 편하다.

**고수를 얹은 달걀조림 쿠페빵**

**만드는 법**
쿠페빵은 위로 자르고 안쪽에 무염 버터를 바른다. 달걀조림 샐러드(15쪽 참조)를 채워 넣고 고수를 다져서 얹는다.

**새우 커틀릿 타르타르 쿠페빵**

**만드는 법**
쿠페빵은 옆으로 자르고 안쪽에 무염 버터를 바른다. 생채 상추, 새우 커틀릿, 타르타르 소스(35쪽 참조)를 넣는다.

**달걀 햄 쿠페빵**

**만드는 법**
쿠페빵은 옆으로 자르고 안쪽에 무염 버터를 바른다. 생채 상추, 햄, 기본 달걀 샐러드(50쪽 참조)를 넣는다.

## 【 포카치아 】
Focaccia

담백하고 납작한 이탈리아식 빵. 넓게 민 반죽에 올리브유를 바르고 손가락으로 눌러서 움푹 들어간 모양을 내어 굽습니다. 바삭하게 씹히는 맛이 좋고, 올리브유의 향이 샌드위치 재료의 맛을 살려줍니다. 보통은 시트 모양으로 크게 구워서 잘라 먹습니다. 둥글고 작은 타입도 샌드위치에 적합합니다.

**살라미 삶은 달걀 파니니**
만드는 법
포카치아는 옆면의 정 가운데를 잘라서 안쪽에 E.V.올리브유를 바른다. 빵 사이에 루콜라, 밀라노 살라미, 소금과 백후추를 살짝 뿌린 완숙 삶은 달걀(10~11쪽 참조), 필러로 얇게 깎은 페코리노 치즈를 넣는다.

(시트 모양)

자르는 법 POINT
옆면의 정 가운데를 잘라서 2장으로 나눈다.

(둥근 모양)

자르는 법 POINT
옆면의 정 가운데를 잘라서 2장으로 나눈다.

**팽 바냐**
만드는 법
싱싱한 채소와 씹는 맛이 좋은 빵의 조화를 즐길 수 있는 남프랑스의 명물 샐러드 샌드위치. 좋아하는 샐러드로 응용해서 만들어도 된다 (154, 156쪽 참조).

## 【 잉글리시 머핀 】
English muffin

둥근 틀에 구운 영국의 전통 빵. 쫄깃하고 수분이 많아서 반으로 갈라 토스트로 먹습니다. 에그 베네딕트(95쪽 참조)에 사용하는 빵으로 인기가 있습니다.

**달걀 소시지 머핀 샌드위치**
만드는 법
잉글리시 머핀은 옆면의 정 가운데를 반으로 잘라 토스트한다. 안쪽에 무염 버터를 바르고, 프라이팬에 구운 소시지(여기서는 레버케제<179쪽 참조>를 사용)와 달걀 프라이(28~29쪽 참조)를 빵 사이에 넣는다. 달걀 프라이 위에 소금과 굵게 간 흑후추를 뿌린다.

자르는 법 POINT
옆면의 정 가운데를 잘라서 위아래를 나눈다. 포크로 옆면을 찌른 후 손으로 갈라도 된다. 단면이 울퉁불퉁해서 토스트했을 때 고소한 맛과 바삭한 식감을 즐길 수 있다.

## 재미있게 자르는 법

빵을 자르는 법을 조금만 바꿔도 달걀과 빵을 더욱 재미있게 조합할 수 있어요! 아이디어를 발휘해서 자유롭게 응용해보세요.

### 빵 사이에 넣지 않는 달걀 샌드위치

빵을 2장 사용하지만, 그 사이에 달걀을 넣지 않습니다. 오픈 샌드위치와도 달라요. 식빵을 둥글게 찍어내고, 그 자리에 얇게 자른 삶은 달걀을 끼워 만드는 장난스러운 샌드위치입니다. 보기에는 샌드위치 같지 않지만, 입안에서 빵, 달걀, 조미료가 어우러져 달걀 샌드위치 맛이 나요. 찍어낸 빵에 잼, 버터를 바르거나, 샐러드를 곁들여서 세련된 아침 식사 플레이트로 만들어도 좋아요.

**자르는 법 POINT**

작은 원형 틀로 식빵을 둥글게 찍어낸다. 얇게 자른 삶은 달걀 크기에 맞게 지름 30~45㎜의 다양한 크기로 바꿔가며 무작위로 찍는 것이 포인트.

**재료**

사각 식빵
(통 식빵을 10장으로 자른 것) ··· 2장
완숙 삶은 달걀(10~11쪽 참조) ··· 1개
사워 마요네즈 소스(35쪽 참조) ··· 15g
소금, 백후추 ··· 약간

**만드는 법**

완숙 삶은 달걀 1개를 에그 슬라이서로 얇게 자른다. 사각 식빵 1장은 한쪽 면에 사워 마요네즈 소스를 바른다. 다른 1장은 원형 모양 틀로 삶은 달걀 크기에 맞게 5회 찍어낸다. 찍어낸 식빵을 찍어내지 않은 식빵 위에 올리고, 구멍에 크기가 맞는 삶은 달걀을 끼워 넣는다.
완숙 삶은 달걀의 양 끝은 찍어낸 동그란 빵 위에 올린다. 소금, 백후추를 뿌려 마무리한다.

# 달걀 프라이 토스트

달걀 프라이 토스트(88~89쪽 참조)와 닮았지만 여기서는 빵을 2장 사용합니다. 원형 틀로 둥글게 찍어낸 식빵을 다른 식빵 위에 겹쳐 올려 달걀을 넣을 자리를 만듭니다. 달걀을 한가운데에만 넣기 때문에 바삭하고 고소하게 구워지는 부분이 많아서 토스트다운 맛을 제대로 즐길 수 있어요.

빵 2장 사이에 바르는 간장 마요네즈 소스는 맛도 내고, 빵을 서로 붙여주는 역할도 합니다. 소스는 취향에 따라 오로라 소스 또는 사워 마요네즈 소스(35쪽 참조)로 대체할 수 있고, 베샤멜 소스(87쪽)나 치즈를 넣어도 좋아요. 빵 사이에 넣지 않는 달걀 샌드위치(왼쪽 페이지)와 마찬가지로 버터나 잼, 샐러드를 곁들여 먹음직스럽게 담는 것도 추천합니다.

**자르는 법 POINT**

지름 80mm 내외의 원형 틀로 식빵 가운데를 둥글게 찍어낸다. 달걀 1개를 깨 넣을 수 있다면 어떤 크기라도 괜찮다.

### 재료

사각 식빵
(통 식빵을 10장으로 자른 것) ··· 2장
달걀 ··· 1개
간장 마요네즈 소스(34쪽 참조) ··· 10g
소금, 흑후추 ··· 약간

### 만드는 법

사각 식빵 1장의 가운데를 원형 틀로 찍어낸다. 다른 식빵의 한쪽 면에 간장 마요네즈 소스를 바르고, 둥글게 찍어낸 식빵을 그 위에 겹쳐 올린다. 움푹 들어간 가운데에 달걀을 깨 넣는다. 예열한 오븐 토스터에 넣고 흰자가 굳을 때까지 굽는다. 달걀 주위가 탈 듯하면 알루미늄 포일로 감싼다. 달걀 위에 소금과 굵게 간 흑후추를 뿌리면 완성.

**원형 틀**

모양 틀 중 하나인 원형 틀은 제과뿐 아니라 샌드위치를 만들 때도 유용하다. 지름 20mm부터 104mm까지 12가지 크기의 세트는 세밀하게 나눠 쓸 수 있어서 갖추고 있으면 편리하다.

## 【불로 만드는】
## 불 시저 샐러드

빵을 바꾸면 단순한 시저 샐러드가 확 달라집니다. 고소한 크러스트와 폭신한 크럼을 남김없이 즐길 수 있어요. 달걀노른자와 드레싱을 불에 끼얹고, 링 부분은 손으로 찢어서 끝까지 맛있게 드세요. 좋아하는 샐러드로 응용해도 좋습니다.

**자르는 법 POINT**

불은 옆면의 정 가운데를 잘라서 위아래로 나누고, 윗부분을 방사형으로 자른다.
아랫부분은 테두리를 10㎜ 정도 남기고 안쪽을 동그랗게 도려낸다. 링 부분은 샐러드를 채워 넣는 틀로 사용하고, 크럼은 사방 20㎜로 깍둑 썰어서 크루통을 만든다.

### 재료

- 불 … 1개
- 포치드 에그(30~31쪽 참조) … 1개
- 좋아하는 잎채소
  (프릴 상추, 로메인, 라디치오 등) … 적당량
- 시저 샐러드 드레싱(93쪽 참조) … 적당량
- E.V.올리브유 … 적당량
- 파르메산 치즈(가루) … 적당량
- 흑후추 … 약간

### 만드는 법

1. 자른 불에 솔로 E.V.올리브유를 바르고, 깍둑 썬 빵 속에 파르메산 치즈를 묻힌다. 200℃로 예열한 오븐에 넣어 바삭하고 노릇노릇해질 때까지 굽는다.
2. 접시 가운데에 링 모양의 불을 놓는다. 윗부분은 방사형으로 잘라서 링 주위에 곁들인다. 뾰족한 쪽이 바깥을 향하도록 보기 좋게 배치한다.
3. 링 모양의 불 속에 잎채소와 깍둑 썬 빵 속을 잘 섞어서 담는다. 포치드 에그를 올리고, 시저 샐러드 드레싱을 듬뿍 끼얹는다. 파르메산 치즈와 굵게 간 흑후추를 뿌리면 완성.

## 【 피셀로 만드는 】
## 피셀 외프 아 라 피페라드

자른 모양이 재미있어서 요리에 곁들이기 좋아요. 납작한 접시에는 빵을 끼울 수 없으니 어느 정도 높이가 있는 접시가 좋습니다. 취향에 맞게 토스트해서 바삭하게 만들어도 좋아요. 수프나 샐러드 등 좋아하는 요리와 함께 드세요.

**자르는 법 POINT**

피셀을 20㎜ 두께로 어슷하게 잘라서 비스듬히 칼집을 넣는다. 칼집은 샌드위치를 만들 때와 반대로 아래에서 위로 넣는다. 이렇게 하면 접시에 곁들였을 때 윗면이 잘 보인다.

**재료**

피셀 … 1개
외프 아 라 피페라드
(171쪽 참조) … 적당량

**만드는 법**

외프 아 라 피페라드는 깊은 접시에 담고, 접시 가장자리에 피셀을 끼운다.

## 06

# 달걀과 어울리는
# 세계의 샌드위치

# Japan
# 새우튀김 샌드위치
Fried prawn sandwich

모두가 좋아하는 새우튀김을 주재료로, 잘게 썬 양배추와 타르타르 소스 그리고 달걀말이를 함께 넣은 토스트 샌드위치입니다. 달걀로 만든 소스가 새우튀김의 맛을 살려주고, 달걀말이가 예쁜 색감을 더해줘요. 입을 크게 벌리고 가득 먹고 싶은, 조금은 호사스러운 샌드위치입니다.

# Japan
# 과일 믹스 샌드위치
Mixed fruits sandwich

다섯 가지 과일을 큼직하게 잘라 넣은 샌드위치는 사용하는 크림이 포인트입니다. 한쪽에는 크렘 샹티이를, 다른 한쪽에는 바닐라 향이 나는 커스터드 크림을 바르면 빵과 각자의 개성이 강한 과일을 부드럽게 아우릅니다.

사각 식빵  
무염 버터  
양배추  
일본식 타르타르 소스  

새우튀김  

마요네즈  
달걀말이  
무염 버터  
사각 식빵  

# 새우튀김 샌드위치

**재료(1개 분량)**

사각 식빵(통 식빵을 6장으로 자른 것) … 2장  
무염 버터 … 6g  
새우튀김 … 3개  
일본식 타르타르 소스(35쪽 참조) … 45g  
양배추(잘게 썬 것) … 25g  
마요네즈 … 3g  
달걀 … 1개  
소금 … 약간  
백후추 … 약간  
샐러드유 … 적당량  

**만드는 법**

1. 사각 식빵은 겉이 노르스름해질 정도로 토스트하고, 한쪽 면에 버터를 바른다.
2. 달걀을 볼에 깨 넣고 풀어주다가 소금, 백후추로 살짝 간한다. 작은 달걀말이 팬에 샐러드유를 둘러 달구고 달걀을 식빵보다 조금 작은 크기로 굽는다.
3. 1에 2를 올리고 마요네즈를 가늘게 짜서 고루 뿌린다. 새우튀김, 일본식 타르타르 소스, 양배추 순으로 빵 사이에 넣는다.
4. 테두리를 제거하고 반으로 자른다.

\* 여기서는 시바즈케와 새콤달콤하게 절인 염교, 차조기 잎을 넣은 일본식 타르타르 소스를 사용했지만, 취향에 따라 레몬과 코르니숑을 넣은 타르타르 소스(35쪽 참조)를 뿌려도 좋습니다.

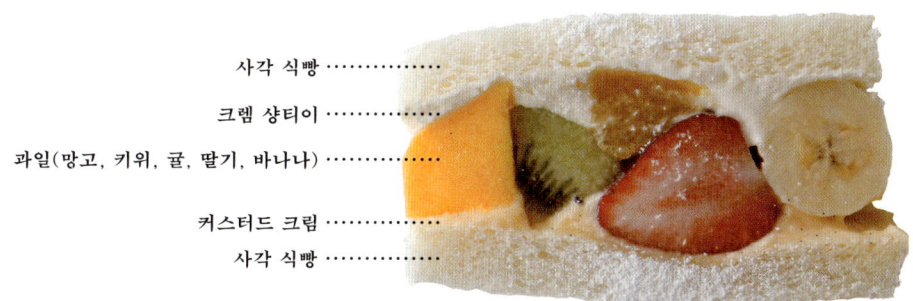

- 사각 식빵
- 크렘 샹티이
- 과일(망고, 키위, 귤, 딸기, 바나나)
- 커스터드 크림
- 사각 식빵

## 과일 믹스 샌드위치

**재료(1개 분량)**

사각 식빵(통 식빵을 8장으로 자른 것) … 2장
크렘 샹티이※ … 25g
커스터드 크림(36~37쪽 참조) … 30g
딸기 … 2개
바나나 … 1/2개
망고 … 1조각(약 25g)
키위 … 1/4개(세로로 자른 것)
귤(통조림) … 1쪽
슈거 파우더 … 약간

※크렘 샹티이
생크림(유지방 38% 내외)에 그래뉼러당을 생크림 양의 10%만큼 넣고 90%까지 거품을 낸다.

**만드는 법**

1. 사각 식빵은 미리 테두리를 잘라내고, 1장에 크렘 샹티이를, 다른 1장에 커스터드 크림을 바른다.
2. 딸기는 1개를 세로로 자른다.
3. 1에 바나나, 딸기, 망고를 늘어놓는다. 딸기는 1개를 가운데에 놓고, 양옆에 세로로 자른 조각을 놓는다. 그 위에 귤과 키위를 겹쳐 올리고, 남은 식빵을 덮는다.
4. 3을 반으로 자르고, 슈거 파우더를 뿌려 마무리한다.

과일 샌드위치는 단면의 색감을 고려해서 과일을 자르는 법과 조합하는 법, 배치하는 법을 정하세요. 크림이 너무 많으면 단면에 흘러넘치므로, 빵과 과일의 틈새를 메우는 정도로 약간 모자란 듯 넣는 것이 포인트입니다.

# Singapore
# 온천 달걀을 곁들인 카야 토스트
#### Kaya toast with soft-boiled eggs

싱가포르의 대표적인 아침 식사인 카야 토스트는 얇은 토스트 사이에 버터와 카야 잼을 듬뿍 넣어 만드는데, 온천 달걀 2개를 곁들이는 점이 특징입니다. 간장과 후추로 맛을 낸 걸쭉한 달걀에 토스트를 찍어 먹습니다. 단맛과 짠맛의 대비가 특이한데, 먹어보면 좋아할 수밖에 없는 조합이에요.

# Vietnam
# 달걀 프라이 반미
Bánh mì ốp la

프랑스 식민지 시대에 전해진 빵 문화와 자국의 식문화가 결합해 탄생한 반미는 오늘날 베트남의 국민 빵이라 할 만한 존재가 되었습니다. 주로 베트남 햄과 간 파테, 무 당근 절임을 넣고, 달걀말이도 많이 활용합니다. 여기서는 느억맘과 달콤한 마요네즈 소스로 간단히 맛을 냈는데, 취향에 따라 무 당근 절임이나 얇게 썬 오이를 넣어도 좋아요.

카야 잼
통밀 식빵
무염 버터
통밀 식빵

# 온천 달걀을 곁들인 카야 토스트

**재료(1접시 분량)**
통밀 식빵(통 식빵을 12장으로 자른 것) … 4장
카야 잼※ … 30g
무염 버터 … 18g
온천 달걀(31쪽 참조) … 2개
간장 … 약간
백후추 … 약간

**※카야 잼**
코코넛 밀크, 달걀, 설탕으로 만든 달콤한 스프레드로, 독특하고 달콤한 향이 나는 판단 잎을 넣은 것이 특징입니다. 카야 잼에도 달걀이 들어 있어서 온천 달걀과 어색함 없이 잘 어울려요. 수입 식품점에서 구입할 수 있습니다.

**만드는 법**
1. 통밀 식빵은 살짝 토스트하고, 카야 잼을 바른다. 식빵 사이에 얇게 썬 무염 버터를 넣는다.
2. 반으로 잘라서 접시에 담고, 온천 달걀을 곁들인다. 온천 달걀은 간장과 백후추로 간하여 카야 토스트를 찍어 먹는다.

구운 돼지고기
허니 마요네즈 소스
소프트 프랑스빵
무염 버터
고수
달걀 프라이+느억맘
생채 상추
적상추
무염 버터
소프트 프랑스빵

# 달걀 프라이 반미

**재료(1개 분량)**

소프트 프랑스빵(반미〈129쪽 참조〉) … 1개(65g)
무염 버터 … 8g
생채 상추 … 7g
적상추 … 7g
구운 돼지고기(얇게 썬 것) … 45g
달걀 … 1개
허니 마요네즈 소스※ … 6g
고수 … 적당량
느억맘※ … 약간
백후추 … 약간
샐러드유 … 약간

※허니 마요네즈 소스
마요네즈와 꿀을 9:1 비율로 섞는다.
※느억맘
베트남의 생선 액젓. 남쁠라*로 대체할 수 있다.

• 태국식 생선 액젓. 느억맘과 맛이 비슷하다. — 옮긴이 주

**만드는 법**

1. 소프트 프랑스빵은 살짝 토스트한다. 옆으로 칼집을 넣고, 안쪽에 무염 버터를 바른다.
2. 프라이팬에 샐러드유를 두르고 달걀 프라이(턴 오버)를 만든다(28~29쪽 참조). 달걀 프라이에 느억맘과 백후추를 뿌려 간한다.
3. 1의 속에 생채 상추와 적상추를 넣는다. 허니 마요네즈 소스를 가늘게 짜서 뿌리고, 구운 돼지고기, 2, 고수 순으로 넣는다.
4. 3을 반으로 자르고, 슈거 파우더를 뿌려 마무리한다.

반미는 베트남에서 빵 자체를 가리키는 말인데, 그 빵으로 만든 샌드위치도 반미라고 부릅니다.

# U.S.A.
# B.E.L.T. 샌드위치
#### B.E.L.T. sandwich

베이컨, 양상추, 토마토 3가지 재료의 알파벳 첫 글자를 딴 B.L.T.는 미국을 대표하는 샌드위치입니다. 여러 가지 재료를 첨가해서 응용할 수 있는데, 그중에서도 달걀은 맛은 물론 색감도 잘 어울려서 인기가 있습니다. 달걀 프라이는 반숙으로 구우세요. 걸쭉한 노른자가 소스가 되어 재료와 빵을 부드럽게 감싸줍니다.

# U.S.A.
# 클럽 샌드위치
#### Club sandwich

3장의 빵을 쌓아 만든 샌드위치로, 트리플 데커 샌드위치라고도 부릅니다. 미국에서부터 전 세계로 퍼졌습니다. 베이컨, 양상추, 토마토, 달걀, 닭고기(또는 칠면조 고기), 마요네즈 등 미국식 샌드위치의 기본 재료를 빵 사이에 가득 채워 고급스러우면서도 간단한 식사로 자리매김했습니다. 재료를 빵 사이에 넣는 순서가 포인트입니다. 3장의 빵 사이를 잘 조합해야 맛있게 어우러져요.

사각 식빵
무염 버터
양상추
오로라 소스
달걀 프라이
오로라 소스
토마토
마요네즈
베이컨

코르니숑
무염 버터
사각 식빵

# B.E.L.T. 샌드위치

**재료(1개 분량)**

사각 식빵(통 식빵을 6장으로 자른 것) … 2장
무염 버터 … 6g
베이컨 … 2장(20g)
양상추 … 25g
토마토(큰 토마토를 15㎜ 두께로 자른 것) … 1장(70g)
달걀 프라이(서니 사이드 업, 28~29쪽 참조) … 1장
오로라 소스(35쪽 참조) … 10g
마요네즈 … 2g
소금 … 약간
백후추 … 약간
흑후추 … 약간
(선택 사항)코르니숑 … 2개

**만드는 법**

1. 사각 식빵은 노르스름해질 정도로 토스트하고 한쪽 면에 무염 버터를 바른다.
2. 베이컨은 프라이팬에 양면을 굽고 키친타월로 눌러서 남은 기름을 제거한다.
3. 토마토는 양면에 소금을 살짝 뿌리고 키친타월로 눌러서 남은 수분을 제거한다. 굵게 간 흑후추를 뿌린다.
4. 1에 2를 올리고 마요네즈를 가늘게 짜서 뿌린 다음, 3을 올린다. 오로라 소스를 짤주머니에 넣어 절반을 가늘게 짜서 뿌리고 달걀 프라이를 올린 다음, 소금, 백후추를 뿌린다. 남은 오로라 소스를 가늘게 짜서 뿌리고 빵보다 작게 접은 양상추를 올린다. 남은 식빵을 그 위에 덮는다.
5. 코르니숑을 꽂은 샌드위치 픽 2개를 4에 꽂고, 반으로 자른다.

| | |
|---|---|
| 사각 식빵 | 블랙 올리브 |
| 양상추 | 무염 버터 |
| 토마토 | |
| 베이컨 | 사워 마요네즈 소스 |
| 사각 식빵 | 무염 버터 |
| 치킨 소테 | 무염 버터 |
| | 사워 마요네즈 소스 |
| 완숙 삶은 달걀 | 무염 버터 |
| 사각 식빵 | |

# 클럽 샌드위치

### 재료(1개 분량)

사각 식빵(통 식빵을 8장으로 자른 것) … 3장
무염 버터 … 12g
완숙 삶은 달걀(10~11쪽 참조) … 1개
치킨 소테※ … 60g
토마토(큰 토마토를 10㎜ 두께로 자른 것) … 45g
베이컨 … 2장(20g)
양상추 … 18g
사워 마요네즈 소스(35쪽 참조) … 18g
소금 … 약간
백후추 … 약간
흑후추 … 약간
(선택 사항)블랙 올리브, 그린 올리브 … 2개씩

※치킨 소테
닭 허벅지 살 1장을 준비해 양면에 소금, 백후추를 뿌린다. 프라이팬에 샐러드유를 두르고 껍질이 아래로 가게 올려 약 5분간 굽는다. 껍질이 바삭하고 노릇노릇해질 때까지 중간 불로 천천히 굽다가 뒤집어서 4분 정도 더 굽는다. 배트에서 5~10분간 휴지시킨 후 얇게 썬다.

### 만드는 법

1. 사각 식빵은 구운 색이 나지 않게 살짝 토스트하고 한쪽 면에 무염 버터를 3g씩 바른다.
2. 베이컨은 프라이팬에 양면을 굽고 키친타월로 눌러서 남은 기름을 제거한다.
3. 토마토는 양면에 소금을 살짝 뿌리고 키친타월로 눌러서 남은 수분을 제거한다. 굵게 간 흑후추를 뿌린다.
4. 완숙 삶은 달걀을 에그 슬라이서로 둥글게 잘라서 노른자가 큰 중심 부분을 식빵 가운데에 놓고, 귀퉁이 네 군데에 노른자가 든 달걀을 놓는다. 흰자만 있는 부분을 빈 곳에 놓는다(53쪽 참조). 완숙 삶은 달걀 위에 소금, 백후추를 살짝 뿌리고 짤주머니에 넣은 사워 마요네즈 소스를 5g만 가늘게 짜서 뿌린다. 그 위에 얇게 썬 치킨 소테를 올리고 무염 버터를 바른 사각 식빵을 덮는다.
5. 4의 위에 남은 무염 버터를 바르고 2를 올린 다음, 사워 마요네즈 소스를 가늘게 짜서 뿌린다. 3을 올리고 남은 사워 마요네즈 소스를 가늘게 짜서 뿌린 다음, 빵보다 작게 접은 양상추를 올린다. 남은 식빵 1장을 그 위에 덮는다.
6. 블랙 올리브, 그린 올리브를 꽂은 샌드위치 픽을 네 군데에 꽂는다. 테두리를 잘라내고 대각선 방향으로 4등분한다.

# France
# 팽 바냐
Pan bagnat

팽 바냐는 남프랑스의 니스식 샐러드를 활용한 샌드위치로, 지역색이 강한 요리입니다. 직역하면 '적신 빵'이라는 뜻이에요. 일반적인 샌드위치는 빵에 재료의 수분이 스며들지 않게 신경 쓰지만, 이 샌드위치는 채소의 수분과 올리브유가 빵에 스며들게 하는 것이 맛의 핵심입니다.

# France
# 살라미 달걀 비에누아 샌드위치
### Sandwich viennois salami œuf

팽 비에누아로 만드는 샌드위치는 프랑스의 빵집에서도 인기 있는 메뉴 중 하나입니다. 지방과 우유가 듬뿍 들어간 고배합 빵은 부드러워서 씹는 맛도 좋고 어떤 재료를 넣어도 잘 어울려요. 살라미와 삶은 달걀을 넣으면 빵과 재료의 식감, 입에서 살살 녹는 맛이 조화를 이루어 아무리 먹어도 질리지 않습니다. 토마토나 캔 참치도 달걀과 잘 어울려요.

완숙 삶은 달걀
포카치아
E.V.올리브유
블랙 올리브
참치
E.V.올리브유
포카치아
적양파
고당도 토마토
파프리카 줄기콩
셀러리
어린잎
생채 상추

# 팽 바냐

**재료(1개 분량)**

포카치아 … 1개(60g)
E.V.올리브유 … 10g
생채 상추 … 6g
어린잎 … 2g
완숙 삶은 달걀(10~11쪽 참조) … 1/2개
고당도 토마토 … 1/2개(25g)
참치(통조림) … 40g
적양파(얇게 썬 것) … 7g
셀러리(얇게 썬 것) … 6g
파프리카(빨간색·노란색, 얇게 썬 것) … 8g
줄기콩(소금물에 데친 것) … 1개
비네그레트소스※ … 10g
블랙 올리브 … 2개
마늘 … 1/2쪽
소금 … 약간
백후추 … 약간

※비네그레트소스(만들기 편한 분량)
화이트와인 비니거 60㎖, 소금 1/2작은술, 백후추 약간, 디종 머스터드 1작은술을 섞는다. E.V.올리브유 60㎖, 샐러드유 100㎖를 넣고 유화시킨다.

**만드는 법**

1. 포카치아는 옆으로 잘라서 단면에 마늘을 문지른 다음, E.V.올리브유를 바른다.
2. 참치는 기름을 제거하고 비네그레트소스를 끼얹어 맛이 배게 한다. 고당도 토마토와 줄기콩은 3등분한다.
3. 포카치아에 생채 상추, 어린잎, **2** 순으로 올린다. 완숙 삶은 달걀, 적양파, 셀러리, 파프리카를 보기 좋게 올리고, 달걀 위에 소금, 백후추를 뿌린다. 남은 포카치아 1장을 그 위에 덮는다.

사워 마요네즈 소스
팽 비에누아   무염 버터   밀라노 살라미   어린잎

생채 상추
루콜라
완숙 삶은 달걀   무염 버터   팽 비에누아

## 살라미 달걀 비에누아 샌드위치

**재료(1개 분량)**

팽 비에누아 … 1개(85g)
무염 버터 … 6g
생채 상추 … 4g
루콜라 … 2g
어린잎 … 2g
밀라노 살라미 … 3장(20g)
완숙 삶은 달걀(10~11쪽 참조) … 1개
사워 마요네즈 소스(35쪽 참조) … 6g
소금 … 약간
백후추 … 약간

**만드는 법**

1. 팽 비에누아는 옆으로 칼집을 넣고 자른 면에 무염 버터를 바른다.
2. 완숙 삶은 달걀은 에그 슬라이서로 둥글게 자른다.
3. 1의 속에 생채 상추, 루콜라, 어린잎을 넣고 사워 마요네즈 소스를 짤주머니에 넣어 가늘게 짜서 뿌린다. 그 위에 밀라노 살라미를 올리고 사워 마요네즈 소스를 더 짜서 뿌린 다음, 2를 올린다. 달걀 위에 소금, 백후추를 살짝 뿌리고 사워 마요네즈 소스를 마저 짜서 마무리한다.

# Denmark
# 작은 새우 달걀 스뫼레브뢰
#### Smørrebrød med æg og rejer

덴마크의 국민 샌드위치 스뫼레브뢰는 빵이 보이지 않을 만큼 풍성하게 재료를 올려 호화롭게 만든 오픈 샌드위치입니다. 스뫼레는 '버터', 브뢰는 '빵'이라는 뜻입니다. 얇게 썬 빵에 버터를 듬뿍 바르고 재료를 올려서 포크와 나이프로 잘라 먹습니다. 덴마크 외에도 북유럽 여러 나라에서 즐겨 먹는데, 해산물을 흔히 씁니다. 작은 새우를 달걀과 함께 넣은 스뫼레브뢰는 인기 있는 메뉴 중 하나랍니다.

# Sweden
# 스뫼르고스토르타
#### Smörgåstårta

스웨덴의 파티 요리 중 하나인 스뫼르고스토르타는 케이크처럼 장식했지만 샌드위치의 일종입니다. 재료는 취향에 맞게 넣으면 되는데, 크림치즈와 사워크림을 섞어서 베이스를 만들고 허브를 넣은 마요네즈로 맛을 냅니다. 예쁘게 장식하면 평범한 재료로도 화려하게 만들 수 있어요. 딜과 같은 허브를 듬뿍 넣으면 북유럽의 맛을 즐길 수 있답니다.

딜, 처빌  
완숙 삶은 달걀  
작은 새우  
어린잎  
무염 버터  
로겐미슈브로트  
사워 마요네즈 소스

## 작은 새우 달걀 스뫼레브뢰

**재료(1개 분량)**

로겐미슈브로트※(10㎜ 두께로 자른 것) … 1장(30g)
무염 버터 … 6g
사워 마요네즈 소스(35쪽 참조) … 12g
완숙 삶은 달걀(10~11쪽 참조) … 1/2개
어린잎 … 3g
새우살(작은 것) … 45g
레몬 … 1/8개
딜 … 약간
처빌 … 약간
소금 … 약간
백후추 … 약간

※로겐미슈브로트(131쪽 참조) 이외에도 베를리너 란트브로트, 팽 드 세글 등 좋아하는 호밀빵으로 대체 가능합니다.

**만드는 법**

1. 완숙 삶은 달걀은 에그 슬라이서로 둥글게 자른다.
2. 새우는 등에 있는 내장을 제거한 다음, 작은 냄비에 소금을 넣고 살짝 데쳐 채반에 건져둔다.
3. 로겐미슈브로트에 버터를 바르고 어린잎을 올린다. 사워 마요네즈 소스를 짤주머니에 넣고 조금 짜서 뿌린 다음, 1을 올려서 소금과 백후추를 살짝 뿌린다. 남은 사워 마요네즈 소스를 뿌리고 2를 올린다. 딜과 처빌을 올리고 웨지 모양으로 썬 레몬을 곁들여서 마무리한다.

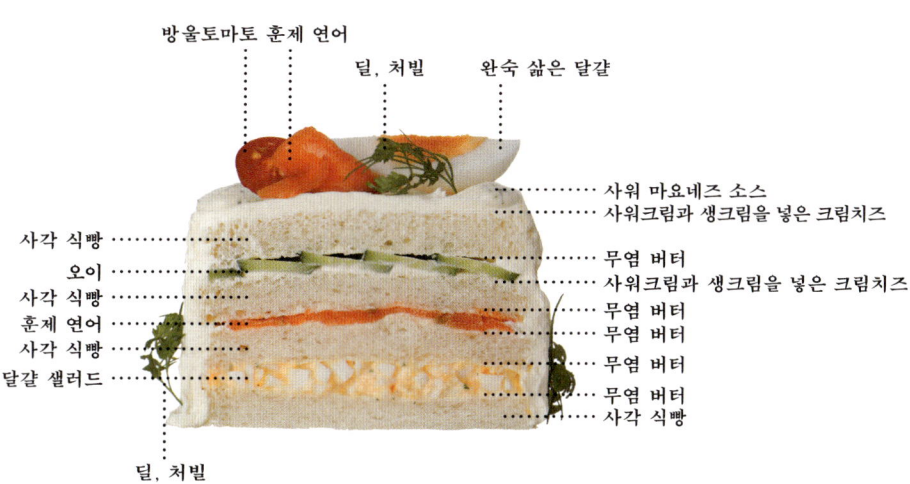

- 방울토마토 훈제 연어
- 딜, 처빌
- 완숙 삶은 달걀
- 사워 마요네즈 소스
- 사워크림과 생크림을 넣은 크림치즈
- 사각 식빵
- 오이
- 사각 식빵
- 훈제 연어
- 사각 식빵
- 달걀 샐러드
- 무염 버터
- 사워크림과 생크림을 넣은 크림치즈
- 무염 버터
- 무염 버터
- 무염 버터
- 무염 버터
- 사각 식빵
- 딜, 처빌

# 스뫼르고스토르타

**재료(1개 / 2~3인분)**

사각 식빵(통 식빵을 10장으로 자른 것) … 4장
무염 버터 … 15g
사워 마요네즈 소스(35쪽 참조) … 60g
크림치즈 … 200g
생크림(유지방 38% 내외) … 20g
사워크림 … 24g
완숙 삶은 달걀(10~11쪽 참조) … 2개
오이 … 40g
훈제 연어 … 30g
방울토마토 … 2개
딜 … 적당량
처빌 … 적당량
소금 … 약간
백후추 … 약간

**만드는 법**

1. 크림치즈와 생크림, 사워크림을 매끈해질 때까지 섞은 후 소금, 백후추로 간한다.
2. 완숙 삶은 달걀은 1/2개를 장식용으로 남기고, 나머지는 고운체로 으깨 사워 마요네즈 소스 15g을 넣고 섞는다. 소금, 백후추로 간한다. 장식용 달걀은 세로로 3등분한다.
3. 사각 식빵을 원형 틀로 찍어내거나 칼로 둥글게 자른다.
4. 오이는 세로 2mm 두께로 얇게 썬다.
5. 사각 식빵 3장의 한쪽 면에 무염 버터를 3g씩 바르고, 2장 사이에 2를 넣는다. 윗면에 무염 버터를 3g 바르고 훈제 연어를 25g 올린 다음, 식빵 1장을 덮는다.
6. 5의 위에 1을 15g 바르고 4를 올린 다음, 무염 버터 3g을 바른 식빵으로 덮는다.
7. 1을 6의 전체를 덮으면서 바르고, 사워 마요네즈 소스를 짤주머니에 넣어서 윗면 가장자리에 짠다. 장식용 달걀, 남은 훈제 연어, 방울토마토를 토핑하고, 딜과 처빌로 장식한다.

사각 식빵을 둥글게 찍어내서 만들면 2~3명이 먹기 딱 좋은 크기가 됩니다. 인원수에 따라 빵의 개수를 늘리거나 크게 만들 수도 있습니다.

07

# 빵과 어울리는
# 세계의 달걀 요리

# 에그 슬럿
### Eggslut

매시트포테이토 위에 달걀을 올려서 중탕으로 익힌 아침 식사 요리로, 미국 서부 해안에 있는 동명의 식당에서 폭발적인 인기를 얻은 이후, SNS를 통해 전 세계에 알려졌습니다.
크림 같은 매시트포테이토와 반숙 달걀을 섞어서 빵에 듬뿍 얹어 먹습니다. 예상대로 담백한 맛이지만, 달걀의 깊은 감칠맛 덕분에 계속 손이 가요. 매시트포테이토에 트러플 소금이나 허브를 넣어 취향에 맞게 응용해도 좋아요.

**재료(200㎖ 내열 용기 3개 분량)**

달걀 … 3개
매시트포테이토※ … 330g
차이브 … 약간
소금 … 약간
백후추 … 약간
바게트 등 좋아하는 빵
(얇게 자른 것) … 적당량

※매시트포테이토(만들기 편한 분량)
감자 400g은 껍질째 쪄서 뜨거울 때 껍질을 벗기고 체에 내린다. 냄비에 넣고 중간 불에 올려서 나무 주걱으로 휘저으며 수분을 날린다. 깍둑 썬 무염 버터 50g을 넣고 가볍게 섞다가, 버터가 녹으면 데운 우유 80㎖를 넣어서 묽게 풀어준다. 소금, 백후추, 너트메그를 약간씩 넣어 간한다.

**만드는 법**

1. 내열 용기에 매시트포테이토를 110g씩 나눠 넣고, 그 위에 달걀을 한 개씩 깨 넣는다. 알루미늄 포일로 뚜껑을 만들어 덮는다.
2. 냄비에 1을 넣고 용기 높이의 2/3까지 뜨거운 물을 부어 불에 올린다. 흰자가 부드럽게 굳을 때까지 약 10분간 중탕한다.
3. 뚜껑을 벗기고 달걀 위에 소금, 백후추, 다진 차이브를 올린다. 바삭하게 토스트한 빵을 곁들인다.

U.S.A.

### 재료(6조각 분량)
완숙 삶은 달걀(10~11쪽 참조) … 3개
마요네즈 … 30g
사워크림 … 15g
소금 … 약간
백후추 … 약간
딜 … 약간
처빌 … 약간

### 만드는 법
1. 완숙 삶은 달걀을 반으로 자르고 노른자를 꺼내서 고운체로 으깬다. 마요네즈, 사워크림을 넣고 매끈하게 섞다가 소금, 백후추로 간한다.
2. 1을 별 모양 깍지를 끼운 짤주머니에 넣고 흰자를 그릇 삼아 짜 넣는다.
3. 접시에 담고 딜과 처빌을 곁들인다.

# 데블드 에그
### Deviled eggs

프랑스의 외프 마요네즈(167쪽 참조)처럼 아주 간단한 삶은 달걀 요리입니다. 삶은 달걀의 노른자를 꺼내어 조미한 후 다시 흰자에 채워 넣습니다. 파티 음식으로 자주 올라오는데, 특히 예수의 부활을 축하하는 부활절에 빼놓을 수 없는 메뉴입니다. 데블은 '매콤한 맛'을 뜻합니다. 이름처럼 노른자의 맛이 의외로 강해서 술안주로도 좋아요. 좋아하는 향신료나 허브를 넣어 응용하거나, 훈제 연어, 캐비아를 올려 풍부한 맛을 즐겨보세요.

U.S.A.

# 수플레 오믈렛
Omelette soufflée

프랑스의 순례지로 알려진 몽생미셸의 명물, 폭신폭신한 수플레 오믈렛은 지역 특산품이기도 한 버터와 달걀로만 만듭니다. 바로 구워서 식감도 좋고 소화도 잘되는 이 오믈렛은 오랜 여행으로 지친 순례자에게 휴식이 돼주었을 거예요.
담백한 오믈렛이라 요즘 여행자들에게는 다소 심심할 수 있겠지만, 감칠맛 나는 달걀과 프랑스산 가염 발효 버터를 엄선해서 만들면 깊은 맛이 있는 근사한 요리가 됩니다. 만들자마자 꺼지기 시작하니 뜨거울 때 드세요.

## France

**재료**(1접시 분량, 지름 26cm 프라이팬 사용)

달걀 ⋯ 3개
가염 발효 버터
(가능하면 프랑스산) ⋯ 15g
어린잎 등
좋아하는 샐러드 채소 ⋯ 적당량
소금 ⋯ 약간
백후추 ⋯ 약간

**만드는 법**

1. 달걀은 흰자와 노른자를 나누고, 흰자만 뿔이 설 때까지 단단히 거품 낸다. 거품 낸 흰자의 1/3과 노른자를 거품기로 섞다가 남은 흰자를 넣고 고무 주걱으로 가볍게 섞는다.
2. 프라이팬에 가염 발효 버터를 넣고 중간 불에 올린다. 버터가 녹으면 1을 붓고, 약 불로 줄여서 2~3분간 굽는다.
3. 200℃로 예열한 오븐에 2를 프라이팬째 넣고 2분간 더 굽는다. 윗면까지 살짝 굳으면 꺼내서 반으로 접어 접시에 담는다.
4. 샐러드 채소를 곁들이고, 취향에 따라 소금, 백후추를 뿌려서 먹는다.

* 오븐에 넣지 않고 프라이팬에 뚜껑을 덮어 약한 불로 구워도 됩니다.

# 외프 마요네즈
Œufs durs mayonnais

프랑스 비스트로의 보편적인 애피타이저 메뉴로, '외프 마요'라고 줄여서 부르기도 합니다. 외프(Œuf)는 프랑스어로 '달걀'을 뜻하는데, 이름 그대로 완숙 삶은 달걀(Œuf dur)에 마요네즈를 곁들이기만 하면 됩니다. 달걀 샌드위치의 기본 재료이니 빵에 어울리는 것은 당연하지요. 비스트로에서 발견하면 꼭 한번 드셔보세요. 간단한 레시피여서 맛의 차이를 분명히 느낄 수 있고, 셰프의 솜씨도 엿볼 수 있답니다.
직접 만들 때는 달걀을 삶는 정도, 마요네즈를 만드는 재료에 특별히 신경 써보세요.

France

### 재료(1접시 분량)
완숙 삶은 달걀(10~11쪽 참조) … 2개
직접 만든 마요네즈(32쪽 참조) … 적당량
적상추, 생채 상추 등
좋아하는 샐러드 채소 … 적당량
소금 … 약간
에스플레트 고춧가루
(카옌페퍼도 가능) … 약간

### 만드는 법
1. 완숙 삶은 달걀과 직접 만든 마요네즈를 접시에 담고 좋아하는 샐러드 채소를 곁들인다.
2. 에스플레트 고춧가루를 뿌려서 마무리한다.

* 직접 만든 마요네즈는 비니거의 종류를 바꾸거나 부재료를 첨가해서 본인의 입맛에 맞춰보세요. 맛을 살려주는 향신료나 허브를 뿌려서 마무리하면 요리의 인상이 크게 달라집니다.

### 재료(1접시 분량)

깍둑 썬 프렌치토스트 살레※ … 2/3장 분량
포치드 에그(30~31쪽 참조) … 1개
베이컨(덩어리) … 30g
닭 모래집 콩피※ … 40g
적상추 … 2장
엔다이브 … 3~4장
비네그레트소스(156쪽 참조) … 적당량
이탈리안 파슬리(다진 것) … 약간
소금, 흑후추 … 약간

※깍둑 썬 프렌치토스트 살레
16등분한 사각 식빵으로 기본 프렌치토스트 살레(115쪽 참조)를 만든다.

※닭 모래집 콩피(만들기 편한 분량)
닭 모래집 450g은 반으로 잘라서 얇은 껍질을 벗긴다. 소금 1작은술과 백후추 약간을 뿌려서 주무르다가 심을 제거한 마늘 1쪽, 생 타임 2줄기, 월계수 잎 1장을 넣고 섞는다. 이대로 쓸 수도 있지만, 가능하면 1시간~하룻밤 동안 냉장고에 넣어둔다. 닭 모래집과 허브를 냄비에 넣고 E.V.올리브유를 바특하게 부어서 중간 불에 올린다. 보글보글 끓으면 불을 약하게 줄이고, 80℃에서 1시간 반 동안 끓인다. 100℃로 예열한 오븐에 냄비째 뚜껑을 덮고 가열해도 된다. 한 김 식으면 기름째 용기에 옮겨 냉장고에 보관한다.

### 만드는 법

1. 적상추와 엔다이브는 먹기 좋은 크기로 찢는다.
2. 베이컨은 막대 모양으로 가늘게 썰고, 닭 모래집 콩피는 기름을 뺀다. 각각 프라이팬에 바삭하게 볶아서 채반에 올려둔다.
3. 접시에 1, 2, 깍둑 썬 프렌치토스트 살레를 담고, 가운데에 포치드 에그를 올린다.
4. 포치드 에그에 소금을 뿌리고, 비네그레트소스를 고루 끼얹는다. 굵게 간 흑후추와 이탈리안 파슬리를 뿌려서 마무리한다.

## 리옹식 샐러드
### Salade Lyonnaise

France

프랑스 리옹 지방의 향토 요리인 리옹식 샐러드는 잎채소 위에 베이컨, 포치드 에그, 크루통, 닭 모래집 콩피 등을 듬뿍 올린 맛있는 요리입니다. 포치드 에그의 노른자를 샐러드 전체에 입혀주면 부드럽고 맛있어요.
크루통을 프렌치토스트 살레로 바꾸면 더욱 든든하고 풍성해집니다. 점심 식사로도, 와인과 함께 먹는 안주 샐러드로도 즐길 수 있어요.

## 니스식 샐러드
Salade Niçoise

프랑스의 남서부, 이탈리아와의 국경에 가까운 니스 지방에서 처음 만들어진 샐러드입니다. 원래는 생채소를 주재료로 하고 가열한 채소는 넣지 않았다고 해요. 최근에는 감자, 줄기콩을 넣어 씹는 맛을 더한 형태가 일반적이며 프랑스의 카페와 비스트로에서 가볍게 먹을 수 있는 메뉴로 친숙합니다.
빵을 곁들이면 점심 식사나 가벼운 저녁 식사로도 좋아요. 프랑스를 대표하는 샐러드로 전 세계인에게 사랑받고 있답니다.

### 재료(1접시 분량)
적상추 … 1장
생채 상추 … 2장
어린잎 … 약간
완숙 삶은 달걀(10~11쪽 참조) … 1개
감자 … 작은 것 2개(120g)
줄기콩 … 4개
고당도 토마토 … 2개
블랙 올리브 … 6개
안초비 … 2조각
참치(통조림) … 40g
비네그레트소스(156쪽 참조) … 적당량
소금 … 약간
백후추 … 약간

### 만드는 법
1. 감자는 껍질째 찐다. 부드럽게 익으면 껍질을 벗기고 한입 크기로 썬다. 줄기콩도 함께 쪄서 반으로 자른다.
2. 적상추와 어린잎은 한입 크기로 찢는다. 고당도 토마토는 세로로 4등분한다.
3. 접시에 1, 2, 생채 상추, 반으로 자른 완숙 삶은 달걀, 기름을 뺀 참치, 블랙 올리브, 안초비를 담는다. 달걀 위에 소금과 백후추를 뿌리고, 비네그레트소스를 고루 끼얹는다.

France

# 외프 앙 뫼레트
## Œufs en meurette

레드와인 소스에 포치드 에그를 띄운 프랑스 부르고뉴 지방의 향토 요리입니다. 이 지방을 대표하는 향토 요리인 소고기 레드와인 조림, 뵈프 부르기뇽(Bœuf bourguignon)에서 남은 소스를 다시 사용하기 위해 고안했다고 해요. 그래서 이 요리만 만들려면 생각보다 손이 많이 가는데, 지금은 독립된 전채 요리로 정착해서 부르고뉴에 있는 비스트로의 보편적인 메뉴가 되었습니다. 부르고뉴산 레드와인을 듬뿍 넣은 소스는 적당한 신맛이 기분 좋게 느껴지고, 걸쭉한 노른자에 잘 어울립니다. 빵을 곁들이면 이것만으로도 와인이 술술 넘어가요.

## France

### 재료(2접시 분량)
- 레드와인(가능하면 부르고뉴산) … 300㎖
- 퐁 드 보*(통조림) … 200㎖
- 샬럿(양파로 대체 가능) … 1개(70g)
- 무염 버터 … 30g
- 박력분 … 10g
- 월계수 잎 … 1장
- 포치드 에그(30~31쪽 참조) … 4개
- 소금 … 약간
- 백후추 … 약간

\* 송아지 고기와 채소를 끓여 만든 육수. ─ 옮긴이 주

### 〈토핑〉
- 양송이 … 6개
- 베이컨(덩어리) … 50g
- 이탈리안 파슬리(다진 것) … 약간
- 무염 버터 … 적당량
- 소금, 백후추 … 약간
- 팽 드 세글(얇게 자른 것) … 적당량

### 만드는 법
1. 샬럿은 잘게 다진다.
2. 무염 버터 10g과 박력분 10g을 섞는다.
3. 냄비에 남은 무염 버터를 녹이고 1을 볶는다. 숨이 죽으면 레드와인을 부어서 잘 저어주고, 반으로 줄어들 때까지 졸인다.
4. 3에 퐁 드 보와 월계수 잎을 넣고 반으로 줄어들 때까지 졸인 후 고운체에 거른다. 냄비에 다시 넣고 소금, 백후추로 간한 다음, 2를 조금씩 넣고 섞으면서 걸쭉해지도록 가열한다.
5. 양송이는 4등분하여 무염 버터를 녹인 프라이팬에 볶다가 소금, 백후추로 간한다. 베이컨은 막대 모양으로 가늘게 썰어서 프라이팬에 볶은 후 채반에 올린다.
6. 접시에 4를 붓고 포치드 에그를 올린다. 5와 팽 드 세글을 곁들이고, 포치드 에그 위에 이탈리안 파슬리와 소금을 뿌려 완성한다.

# 외프 아 라 피페라드
Œufs à la piperade

France

피페라드는 파프리카, 토마토, 양파, 마늘을 듬뿍 넣고 올리브유로 볶아서 만든 프랑스 바스크 지방의 향토 요리입니다. 생햄에 지역 특산품인 에스플레트 고춧가루로 바스크다운 향을 더해 화려하지는 않지만 깊은 맛이 나는 요리입니다.

닭고기를 넣은 바스크식 조림이나 다른 주요리의 소스로 활용하기도 하는 이 요리에는 보통은 달걀이 들어갑니다. 달걀을 풀어 넣거나 포치드 에그를 올리는 등 다양하게 응용할 수 있는데, 여기서는 몽글몽글한 스크램블드에그를 올려서 선명한 색감을 더했어요.

### 재료(1접시 분량)
파프리카(빨간색·녹색) … 4개(600g)
양파 … 2개(360g)
토마토 … 큰 것 1개(250g)
마늘 … 2쪽
하몽 세라노*(생햄) … 4장
E.V.올리브유 … 4큰술
달걀 … 2개
소금, 백후추 … 약간
에스플레트 고춧가루
(카옌페퍼도 가능) … 약간
이탈리안 파슬리 … 약간

* 흰 돼지의 넓적다리 부분을 통째로 잘라 소금에 절이고 그늘에서 건조, 숙성시킨 스페인식 생햄.
— 옮긴이 주

### 만드는 법
1. 파프리카는 속을 제거하고 5㎜ 굵기의 막대 모양으로 썬다. 양파는 얇게 썰고, 토마토는 사방 1㎝로 깍둑 썬다. 마늘은 심을 제거하고 잘게 다진다. 생햄은 2장만 한입 크기로 썬다.
2. 냄비에 E.V.올리브유 3큰술을 둘러 달구고 마늘을 볶는다. 향이 나기 시작하면 한입 크기로 썬 생햄, 양파, 파프리카를 넣고 소금을 살짝 뿌려 파프리카가 숨이 죽을 때까지 볶는다.
3. 2에 토마토를 넣고 수분을 날리면서 졸이듯이 볶는다. 전체가 숨이 죽어 걸쭉해지면 소금, 백후추, 에스플레트 고춧가루를 넣어 간한다.
4. 달걀을 볼에 깨 넣고 풀어주다가 소금, 백후추를 넣어 간한다.
5. 프라이팬에 E.V.올리브유 1큰술을 둘러 달구고 4를 부어 스크램블드에그를 만든다(24~25쪽 참조).
6. 남은 생햄 2장을 프라이팬에 올려 양면을 살짝 굽는다.
7. 접시에 3을 담고 5를 올린다. 마무리로 에스플레트 고춧가루와 잘게 썬 이탈리안 파슬리를 올리고, 6을 곁들인다.

**재료(지름 20cm 프라이팬 1장 분량)**

달걀 … 4개
감자 … 중간 크기 3개(300g)
양파 … 1/2개(100g)
마늘 … 1/2쪽
E.V.올리브유 … 5큰술
소금 … 1작은술보다 조금 적게

**만드는 법**

1. 감자는 껍질을 벗기고 7mm 두께의 은행잎 모양으로 썬다. 양파는 얇게 썰고, 마늘은 심을 제거한 후 잘게 다진다.
2. 프라이팬에 E.V.올리브유와 **1**을 넣고 고루 섞어 중간 불에 올린다. 마늘 향이 나기 시작하면 약한 불로 줄이고 잘 뒤적이며 감자가 부드러워질 때까지 천천히 튀기듯이 볶는다. 소금 1/4작은술로 밑간한다.
3. **2**를 체에 밭치고 여분의 올리브유를 받아둔다
4. 볼에 달걀을 깨 넣고 풀어주다가 남은 소금과 **3**의 건더기를 넣고 잘 섞는다.
5. **3**의 올리브유 2큰술을 지름 20cm 프라이팬에 넣어서 중간 불에 올려 달구고, **4**를 붓는다. 달걀이 부풀어 오르면 나무 주걱으로 천천히 저으며 익힌다. 뚜껑을 덮고 불을 약하게 줄여서 가장자리가 굳고 바닥이 노릇노릇해질 때까지 천천히 굽는다.
6. **5**를 뒤집어 중간 불로 전체가 노릇노릇해질 때까지 더 굽는다. 토르티야를 접시에 미끄러뜨린 다음, 팬을 접시 위에 덮어 한 번에 뒤집으면 흐트러지지 않는다.

# 토르티야

**Tortilla de patatas**

감자와 양파를 듬뿍 넣어 둥글납작하게 구운 오믈렛으로, 케이크처럼 잘라서 먹습니다. 그대로 타파스나 핀초*와 같은 안주로 먹기도 합니다. 바게트에 끼워 넣는 스페인식 샌드위치, 보카디요(Bocadillo)의 재료로도 인기가 있어요.
감자, 양파, 마늘을 잔뜩 넣고 올리브유로 튀기듯이 볶아서 감자가 포슬포슬 고소해요. 맛은 소금으로만 냅니다. 단순한 요리이기에 재료의 조화를 잘 느낄 수 있고, 질리지 않게 먹을 수 있답니다.

• 타파스는 스페인에서 술과 곁들여 간단히 먹는 음식을 말하는데, 핀초는 꼬치에 꽂아 한입 크기로 만드는 타파스의 일종이다. — 옮긴이 주

## Spain

## 살모레호
### Salmorejo

스페인 안달루시아 지방의 가정 요리로, 가스파초(Gazpacho)와 비슷한 차가운 수프입니다. 가스파초는 토마토, 파프리카, 오이, 양파 등 여러 가지 채소를 넣어 만들지만, 살모레호는 토마토로만 만듭니다. 빵을 넣어 걸쭉하게 만드는 것도 특징이에요.
삶은 달걀과 하몽 세라노를 토핑하는 것이 정석이며, 입맛 없는 여름에 영양 보충을 하기에 제격이랍니다. 취향에 따라 오이와 루콜라를 올리면 색감도, 식감도 좋은 샐러드 같은 수프가 돼요.

### 재료(3~4인분)

토마토 … 500g
바게트(식빵도 가능) … 70g
마늘 … 1/2쪽
E.V.올리브유 … 2큰술
화이트와인 비니거 … 1큰술
꿀 … 1~2작은술
소금 … 1/2작은술
백후추 … 약간

〈토핑〉
하몽 세라노(생햄) … 2장
완숙 삶은 달걀(10~11쪽 참조) … 2개
오이 … 1개
루콜라 … 적당량
E.V.올리브유 … 약간
에스플레트 고춧가루
(카옌페퍼도 가능) … 약간

### 만드는 법

1. 토마토는 끓는 물에 담갔다 꺼내 껍질을 벗기고 한입 크기로 썬 다음, 꿀과 섞는다.
2. 바게트는 한입 크기로 썰고, 100㎖의 물을 끼얹어 불린다.
3. 1, 2, 심을 제거한 마늘, E.V.올리브유, 화이트와인 비니거, 소금, 백후추를 믹서에 넣고 곱게 갈아준다.
4. 오이와 완숙 삶은 달걀은 깍둑 썬다.
5. 3을 그릇에 담고, 4와 하몽 세라노, 루콜라를 보기 좋게 곁들인 다음, E.V.올리브유를 끼얹는다. 에스플레트 고춧가루를 뿌려서 마무리한다.

### Spain

# 소파 데 아호
Sopa de ajo

스페인어에서 소파는 '수프', 아호는 '마늘'을 뜻합니다. 이름 그대로 마늘이 듬뿍 든 수프예요. 스페인 카스티야 지방의 가정 요리인데, 목동들이 오래되어 딱딱해진 빵으로 만들어 먹었다고 전해집니다. 빵을 곁들임 재료가 아니라 주재료로 사용합니다. 마늘과 생햄을 올리브유로 볶아서 향과 감칠맛이 제대로 나고, 물로 끓인 수프지만 깊은 맛이 나요. 달걀을 풀어 넣으면 죽처럼 됩니다. 마늘 덕분에 몸이 금세 따뜻해져서 추운 날이나 감기에 걸렸을 때 먹으면 좋아요.

## Spain

### 재료(2인분)

바게트 … 80g
E.V.올리브유 … 2큰술
마늘 … 3쪽
파프리카 가루 … 1/4작은술
하몽 세라노(생햄) … 50g
달걀 … 1개
소금 … 약간
백후추 … 약간

### 만드는 법

1. 바게트는 한입 크기로 썬다. 마늘은 심을 제거하고 얇게 썬다.
2. 볼에 달걀을 깨 넣고 풀어준다.
3. 냄비에 E.V.올리브유와 마늘을 넣고 약한 불에 볶는다. 향이 나기 시작하면 파프리카 가루와 손으로 찢은 하몽 세라노를 넣고 볶다가 바게트를 넣어 다시 볶는다.
4. 3에 물 600㎖(분량 외)를 넣고 중간 불로 올려 소금, 백후추로 간한다. 끓기 시작하면 **2**를 넣고 살짝 저어준 다음, 불을 끈다.

# 아쿠아코타
**Acquacotta**

**Italy**

오래된 빵을 맛있게 먹기 위해 생활의 지혜를 발휘한 요리와 수프는 유럽 각지에 다양한 형태로 존재합니다.
아쿠아코타는 '물에 끓인'이라는 뜻의 이름 그대로 육수를 사용하지 않고 물로 만듭니다. 이탈리아 토스카나에 있는 마렘마 지방의 농촌에서 처음 만들어진 이 요리는 딱딱해진 빵과 반숙 달걀을 기본으로 하고 집에 있는 제철 채소를 넣어 만듭니다. 집집마다 레시피가 다양한 서민적인 음식이지요.
바삭하게 구운 빵을 곁들여서 수프를 머금어 부드러워진 식감과 바삭바삭한 식감을 각각 즐긴 후 반숙 달걀의 노른자를 섞어서 드세요.

**재료(3~4인분)**

바게트(캉파뉴도 가능) … 적당량
달걀 … 3~4개
토마토 통조림(자른 것) … 1개(400g)
양파 … 1/2개
마늘 … 1/2쪽
셀러리 … 1/2대
가지 … 1개
주키니 … 1/2개
파프리카(빨간색·노란색) … 1/2개씩
E.V.올리브유 … 4큰술
꿀 … 2작은술
소금 … 1작은술
백후추 … 약간
파르메산 치즈(강판에 간 것) … 약간

**만드는 법**

1. 양파는 얇게 썰고, 마늘은 심을 제거하여 잘게 다진다. 셀러리는 줄기에서 섬유질을 제거한 후 얇고 어슷하게 썰고, 잎은 굵게 다진다. 가지, 주키니, 파프리카는 한입 크기로 썬다.
2. 냄비에 E.V.올리브유를 넣고 양파와 마늘을 볶는다. 향이 나기 시작하면 셀러리 잎 외의 채소를 넣고 함께 볶는다. 뚜껑을 덮고 불을 약하게 줄여서 가끔 나무 주걱으로 뒤적이며 채소의 감칠맛이 우러나도록 천천히 익힌다.
3. 토마토 통조림과 물 500㎖(분량 외)를 2에 넣고 중간 불로 올린다. 끓으면 불을 약하게 줄이고 15분 정도 끓이다가 소금, 백후추, 꿀을 넣어 간한다. 셀러리 잎을 넣고, 달걀을 깨 넣은 다음, 뚜껑을 덮고 흰자가 굳을 때까지 익힌다.
4. 바게트는 얇게 잘라 살짝 토스트한다.
5. 3을 접시에 담고, 4를 곁들인다. E.V.올리브유 적당량(분량 외)과 파르메산 치즈를 뿌려서 마무리한다.

### 재료(5개 분량)

반숙 삶은 달걀(10~11쪽 참조) … 5개
다진 고기
(소고기와 돼지고기를 섞은 것) … 400g
양파(다진 것) … 100g
무염 버터 … 15g
달걀 … 1개
빵가루 … 20g    우유 … 1큰술
소금 … 1작은술
백후추, 너트메그 … 약간
파슬리(다진 것) … 2작은술
빵가루, 박력분, 달걀물,
튀김 기름 … 적당량씩
토마토 크림소스※ … 적당량
어린잎 … 적당량

※토마토 크림소스(만들기 편한 분량)
냄비에 무염 버터 15g을 녹이고, 심을 제거하고 다진 마늘 1/2쪽과 다진 양파 160g을 볶는다. 토마토 통조림 400g과 생크림(유지방 38% 내외) 100㎖, 소금 1작은술, 그래뉼러당 1자밤, 백후추 약간을 넣고 걸쭉해질 때까지 졸인 후 믹서로 갈아준다.

### 만드는 법

1. 프라이팬에 무염 버터를 녹이고 양파를 볶은 후 한 김 식힌다.
2. 볼에 다진 고기, 소금, 백후추, 너트메그를 넣고 잘 치댄다.
3. 빵가루에 우유를 뿌려둔다.
4. 2에 달걀을 깨 넣고 1, 3, 파슬리도 넣어 잘 치댄 다음, 5등분한다.
5. 4를 랩 위에 올려서 평평하게 펼친다. 반숙 삶은 달걀에 박력분을 묻히고 고기 위에 올려서 랩째 감싼다. 랩을 벗기고 고기에 박력분을 묻혀서 모양을 잡는다. 달걀물과 빵가루를 순서대로 묻힌다.
6. 튀김 기름을 160℃로 달구고, 약 7분간 굴리면서 튀긴다. 튀김옷이 노릇노릇하고 바삭해지면 건져낸다.
7. 반으로 잘라 접시에 담고, 토마토 크림소스와 어린잎을 곁들인다.

# 스카치 에그
**Scotch eggs**

영국의 식품점에서 흔히 볼 수 있는 이 요리는 런던의 고급 백화점에서 1738년에 개발했다고 전해집니다. 피크닉 푸드와 술안주로 두루 사랑받는 스카치 에그는 응용법도 다양해요.
삶은 달걀을 다진 고기로 감싸서 빵가루를 묻혀 튀기는 것이 기본입니다. 빵가루가 들어가 빵을 따로 곁들이지 않아도 든든해요. 원래 여행자를 위한 영양가 높은 휴대식으로 고안되었는데, 먹어보면 이해가 됩니다.

### England

## 잉글리시 브렉퍼스트
### English breakfast

'잉글리시 브렉퍼스트' 또는 '풀 브렉퍼스트'라 불리는 이 아침 메뉴는 영국에서 가장 맛있는 식사로 알려져 있습니다. 베이컨, 달걀, 구운 토마토, 양송이, 베이크트 빈, 소시지 그리고 버터 토스트가 일반적이며, 모든 재료를 익히는 것이 특징입니다. 커피나 홍차처럼 따뜻한 음료를 곁들입니다.
올데이 브렉퍼스트(All day breakfast)로 하루 종일 판매하는 카페도 많고, 모든 재료를 빵 사이에 넣어 만든 샌드위치도 인기가 좋아요.

### England

**재료(1접시 분량)**

사각 식빵
(통 식빵을 10장으로 자른 것) … 1장
반숙 달걀 프라이(28~29쪽 참조) … 1장
베이컨 … 1장
토마토(12mm 두께로 자른 것) … 2장
소시지 … 2개
갈색 양송이 … 4개
베이크트 빈※(통조림) … 적당량
무염 버터 … 적당량
소금 … 약간
백후추 … 약간
흑후추 … 약간
E.V.올리브유 … 약간

※베이크트 빈
흰 강낭콩의 일종인 네이비 빈을 토마토 퓌레와 향신료에 조린 것으로, 보통은 통조림을 사용합니다.

**만드는 법**

1. 프라이팬에 무염 버터를 녹이고 반으로 자른 갈색 양송이를 볶는다. 소금, 백후추로 간한다.
2. 프라이팬에 E.V.올리브유를 둘러 달구고 소시지와 토마토를 굽는다. 토마토는 양면에 소금, 흑후추를 뿌려 노릇하게 굽는다.
3. 사각 식빵은 토스트해서 무염 버터를 바른다.
4. 1, 2, 3과 반숙 달걀 프라이, 데운 베이크트 빈을 접시에 담는다.

# 올랑데즈 소스를 곁들인 화이트 아스파라거스
Spargel mit sauce Hollandaise

독일의 봄에는 화이트 아스파라거스가 특히 맛있어요. 많은 독일인이 수확할 날을 손꼽아 기다린답니다. 보통은 소금물에 데쳐서 올랑데즈 소스를 끼얹고, 감자와 햄을 곁들여 먹습니다. 연하고 부드러운 화이트 아스파라거스에 올랑데즈 소스를 한껏 끼얹으면 채소의 참맛을 제대로 느낄 수 있습니다. 호밀빵도 곁들여보세요. 버터를 듬뿍 넣은 올랑데즈 소스는 시큼한 빵과도 궁합이 아주 좋아요.

## Germany

### 재료(1접시 분량)

화이트 아스파라거스 … 5~7개
올랑데즈 소스(33쪽 참조) … 적당량
감자 … 1개
생햄(가능하면 슁켄슈펙\*) … 1장
파슬리(다진 것) … 약간
소금 … 약간
백후추 … 약간
카옌페퍼 … 약간
호밀빵(베를리너 란트브로트) … 2장

* 오스트리아 서부 티롤 지방의 특산품인 훈제 생햄.
— 옮긴이 주

### 만드는 법

1. 화이트 아스파라거스는 뿌리 쪽의 단단한 부분을 잘라낸 후, 봉오리를 3㎝ 정도 남기고 필러로 껍질을 벗긴다. 잘라낸 밑동과 껍질을 함께 넣고 데치면 아스파라거스가 더 향긋해지므로 버리지 않고 남겨둔다.
2. 냄비에 물을 끓이고 소금을 넣어 1을 데친다. 심이 살짝 남을 정도로 데쳐서 데친 물에 담근 채로 식힌다(많은 양을 데쳤다면 데친 물에 담근 채로 냉장고에 보관한다).
3. 감자는 껍질째 부드럽게 쪄서 껍질을 벗기고 소금, 백후추, 파슬리를 뿌린다.
4. 접시에 화이트 아스파라거스, 3, 생햄을 담는다. 화이트 아스파라거스에 올랑데즈 소스를 듬뿍 끼얹고 카옌페퍼를 뿌린다. 얇게 자른 호밀빵을 곁들인다.

# 저먼 포테이토를 곁들인 레버케제와 달걀 프라이
Leberkäse mit spiegelei und bratkartoffeln

유럽에서도 독일은 특히 식육 가공품이 다채롭고 특색 있습니다. 지역마다 셀 수 없이 다양한 소시지가 있는데, 모양과 크기, 맛, 먹는 법도 가지각색이에요. 간 고기를 틀에 넣어 구운 레버케제는 두껍게 썰어 스테이크로 만들고 그 위에 달걀 프라이를 올려서 먹는 것이 일반적입니다. 반숙 노른자를 소스 삼아 먹으면 별미이고, 샌드위치로 만들어도 정말 맛있어요.

저먼 포테이토를 메인으로, 사워크라우트, 피클, 머스터드를 곁들입니다. 빵과 맥주를 더하면 완벽한 조화를 이룹니다.

## Germany

### 재료(1접시 분량)

레버케제(15mm 두께로 자른 것) … 2장
반숙 달걀 프라이(28~29쪽 참조) … 1장
저먼 포테이토※ … 적당량
사워크라우트* … 적당량
오이 피클 … 2개
머스터드 … 적당량
소금 … 약간
흑후추 … 약간
샐러드유 … 약간

* 잘게 썬 양배추를 발효시켜 만든 시큼한 맛이 나는 독일식 양배추 절임. ─ 옮긴이 주

※저먼 포테이토(만들기 편한 분량)
베이컨 1장을 잘게 썬다. 감자 3개는 껍질을 벗겨내고 한입 크기로 썬다. 양파 1/4개는 얇게 썬다. 프라이팬에 무염 버터 15g을 녹이고 베이컨, 감자, 양파를 천천히 오래 볶는다. 소금, 백후추로 간하고, 다진 파슬리를 넣는다.

### 만드는 법

1. 프라이팬에 샐러드유를 넣고 중간 불에 올려서 레버케제를 굽는다. 노릇노릇해지면 뒤집어서 반대쪽도 굽는다.
2. 접시에 레버케제를 담고 그 위에 반숙 달걀 프라이를 올린 다음, 소금, 흑후추를 뿌린다. 저먼 포테이토, 사워크라우트, 오이 피클, 머스터드를 곁들인다.

08

# 달걀과 빵으로 만드는 디저트

# 판도로와 자바이오네

판도로(Pan doro)는 '황금색 빵'이라는 뜻의 이탈리아 전통 발효 과자입니다. 달걀과 버터가 듬뿍 들어간 고배합 빵이라 이름처럼 황금빛이지요. 판도로에 곁들이기 좋은 소스로는 달걀노른자와 와인으로 만든 어른의 디저트, 자바이오네가 있습니다. 판도로에 폭신하게 공기를 품은 자바이오네를 끼얹으면 향긋하고 고급스러운 맛이 나요.

**재료(1접시 분량)**
판도로(얇게 자른 것) … 2장
자바이오네(39쪽 참조) … 적당량
슈거 파우더 … 약간

**만드는 법**
판도로를 접시에 담고 자바이오네를 원하는 만큼 곁들인다. 작은 거름망으로 슈거 파우더를 뿌려 마무리한다.

**빵 자르기 팁**
1인분으로 만든다면 판도로를 가운데에서 모서리를 향해 방사형으로 잘라보세요. 많은 양을 만든다면 옆으로 잘라서 별 모양을 즐기며 나눠 먹는 것도 좋겠지요(133쪽 참조).

판도로와 자바이오네를 응용해서!
## 판도로 베리 자바이오네 그라탱

얇게 자른 판도로와 베리에 자바이오네를 듬뿍 끼얹어 구운 디저트 그라탱은 간단하면서도 인상적인 요리입니다. 따끈한 판도로와 자바이오네는 더욱 폭신하고 향긋하며 입안에서 살살 녹아요. 베리의 새콤달콤함이 맛을 더욱 살려주지요. 여기서는 신선한 라즈베리와 블루베리를 사용했는데, 냉동 믹스 베리를 사용하면 간편합니다.

**재료(1접시 분량)**
판도로(얇게 자른 것) … 2장
자바이오네(39쪽 참조) … 적당량
좋아하는 베리(라즈베리, 블루베리, 블랙베리 등) … 적당량
슈거 파우더 … 약간

**만드는 법**
1. 판도로와 베리를 내열 접시에 담고 자바이오네를 듬뿍 끼얹는다.
2. 200℃로 예열한 오븐에 넣는다. 자바이오네가 부풀어 오르고 노르스름해질 때까지 5~8분간 굽는다.
3. 작은 거름망으로 슈거 파우더를 뿌려 마무리한다.

# 아몬드·코코넛 튀일 러스크

얇게 썬 바게트로 만드는 평범한 러스크에 약간의 수고를 더했습니다. 달걀흰자로 만든 튀일 반죽을 발라 고소하게 구웠어요. 바게트는 미리 구워놓으면 수분이 완전히 날아가서 바삭바삭해집니다. 베이스인 튀일 반죽에 아몬드, 코코넛 중 좋아하는 것을 넣어보세요. 남은 바게트가 없으면 일부러 사 와서라도 만들고 싶어지는 맛이랍니다.

### 아몬드 튀일 러스크
**재료(만들기 편한 분량)**

바게트 … 1/2개
달걀흰자 … 50g
그래뉴러당 … 60g
박력분 … 18g
무염 버터 … 25g
아몬드 슬라이스 … 55g

### 코코넛 튀일 러스크
**재료(만들기 편한 분량)**

바게트 … 1/2개
달걀흰자 … 50g
그래뉴러당 … 60g
박력분 … 18g
무염 버터 … 25g
코코넛 슬라이스 … 35g

### 만드는 법

1. 바게트는 7mm 정도의 두께로 자른다. 160°C로 예열한 오븐에서 약 15분간 굽는다.
2. 버터는 중탕으로 녹인다. 박력분은 체로 쳐둔다.
3. 볼에 달걀흰자와 그래뉴러당을 넣고 바닥에 비비며 섞다가 박력분을 넣어 가볍게 섞는다. 녹인 버터를 넣고 섞다가 아몬드 또는 코코넛 슬라이스를 넣고 다시 섞는다.
4. 3을 1의 바게트에 넉넉히 바른다.
5. 오븐을 180°C로 예열하고 노릇해질 때까지 약 10분간 굽는다.

베이스인 튀일 반죽보다 코코넛 슬라이스, 아몬드 슬라이스의 비율이 다소 높습니다. 충분히 섞어서 바게트에 평평하게 펴 바르세요. 바게트의 구멍에 튀일 반죽이 들어가도 괜찮아요. 바닥까지 바삭하고 고소하게 구우세요.

# 브리오슈 과일 샌드위치

달걀과 버터를 듬뿍 넣은 브리오슈로 과일 샌드위치를 만들면 케이크 같기도 하고 샌드위치 같기도 한 특별한 맛이 난답니다. 브리오슈 특유의 진한 향과 입안에서 녹는 식감이 과일의 개성을 잘 살려줍니다. 제철 과일로 응용해서 즐겨보세요.

**재료(3종 각 1개 분량)**
브리오슈 낭테르(12㎜ 두께로 자른 것) … 6장
마스카르포네 & 생크림※ … 90g
딸기 … 4개
샤인머스캣 … 4알
귤(통조림) … 4조각
피스타치오 … 약간

※마스카르포네 & 생크림(만들기 편한 분량)
마스카르포네 100g에 꿀 10g을 넣고 섞는다. 생크림(유지방 38% 내외) 100㎖에 그래뉴러당 10g을 넣고 80%까지 거품을 낸다. 마스카르포네와 생크림을 거품기로 충분히 섞는다.

**만드는 법**

1. 브리오슈 낭테르의 한쪽 면에 마스카르포네 & 생크림을 15g씩 바른다. 가운데 부분이 살짝 올라오도록 불룩하게 바른다.
2. 1에 과일을 올린다. 샌드위치를 반으로 자르므로 자르는 위치와 완성품의 모양을 고려해서 과일을 배치한다. 딸기, 샤인머스캣, 귤을 각각 빵 가운데에 3개씩 놓고, 남은 1개는 4등분해서 위아래에 올리고 빵을 덮는다.
3. 과일 사이에 크림이 들어가도록 손바닥으로 빵 전체를 살며시 눌러준다. 위아래의 테두리를 얇게 잘라내고 이등분한다. 굵게 다진 피스타치오를 뿌려서 마무리한다.

과일 샌드위치는 과일을 늘어놓는 법이 중요합니다. 샌드위치를 반으로 자른다면 자르는 위치가 되는 가운데에 과일이 꽉 차도록 늘어놓으세요. 위아래에 빈틈이 없도록 작게 자른 과일을 넣으면 빵을 자른 후에도 과일이 아래로 떨어지지 않고, 먹을 때 빵과 과일의 비율이 잘 맞습니다.

# 브리오슈 파르시

달걀과 버터가 넉넉히 들어간 브리오슈 아 테트는 먹기 편한 크기와 모양을 살려서 디저트 재료로 활용할 수 있습니다. 불룩하게 부푼 머리를 자르고 속을 도려내서 크림과 베리를 채워 넣기만 하면 돼요. 크림과 베리가 어우러진 브리오슈는 입안에서 살살 녹아서 식사 후에 배가 불러도 먹을 수 있을 정도로 맛있어요.

**재료(3개 분량)**

브리오슈 아 테트 … 3개
생크림 커스터드(38쪽 참조) … 150g
라즈베리 … 8개
블루베리 … 10개
블랙베리 … 3개
슈거 파우더 … 약간
민트 … 약간

**만드는 법**

1. 브리오슈 아 테트의 머리 부분을 자르고 아랫부분의 속을 도려낸다(132쪽 참조).
2. 짤주머니에 별 모양 깍지를 끼우고 생크림 커스터드를 넣는다.
3. 브리오슈 아 테트 속에 2와 베리를 교대로 채워 넣는다. 윗부분에도 크림을 짜고 베리로 장식한다.
4. 브리오슈 아 테트의 머리 부분을 올린다. 마무리로 슈거 파우더를 뿌리고 민트 잎을 곁들인다.

\* 여기서는 커스터드 크림과 크렘 샹티이를 섞은 크렘 디플로마트로 가볍게 만들었는데, 좋아하는 크림을 사용해도 됩니다. 생크림에 그래뉼러당을 넣고 거품 낸 크렘 샹티이만 사용하여 간편하게 만들 수도 있습니다. 커스터드 크림만 사용하면 포만감이 더욱 좋아요.

브리오슈 아 테트의 속을 도려낼 때 필링 나이프가 있으면 편리합니다. 안쪽이 굴곡진 날은 좁은 공간에서 돌리기 편해 쉽고 깔끔하게 도려낼 수 있습니다.

# 오렌지 향
# 브리오슈 그라탱

브리오슈 아 테트 속에 마멀레이드를 넣은 크림치즈를 담뿍 채우고, 오렌지 향이 산뜻한 아파레유를 부어 구웠습니다. 추운 계절에는 갓 구워서 따끈따끈한 그라탱을 드셔보세요. 물론 냉장고에서 차갑게 식혀도 맛있답니다.

**재료**(1.1ℓ 용량의 내열 접시 1개 분량)

- 브리오슈 아 테트 … 4개
- 무염 버터 … 10g
- 크림치즈 … 100g
- 마멀레이드 … 70g
- 달걀 … 3개
- 오렌지 주스(100%) … 200㎖
- 그래뉼러당 … 40g
- 아몬드 슬라이스 … 7g
- 쿠앵트로 … 1큰술
- 슈거 파우더 … 적당량

**만드는 법**

1. 브리오슈 아 테트의 머리 부분을 자르고 아랫부분의 속을 도려낸다(132쪽 참조).
2. 크림치즈와 마멀레이드를 섞어서 짤주머니에 넣는다.
3. 내열 접시 안쪽에 무염 버터를 바르고 **1**을 넣는다(사진①). 브리오슈 아 테트 안에 **2**를 짜 넣는다.
4. 볼에 달걀을 깨 넣고 그래뉼러당을 넣어 바닥에 비비며 섞는다. 오렌지 주스와 쿠앵트로를 섞어 내열 접시에 붓는다. 10분 정도 두어 아파레유를 브리오슈 아 테트에 흡수시킨 다음, 아몬드 슬라이스를 올린다(사진②).
5. **4**를 180℃로 예열한 오븐에서 약 30분간 굽는다.
6. 슈거 파우더를 뿌려 마무리한다.

속을 도려낸 브리오슈 아 테트는 아랫부분을 내열 접시에 늘어놓고, 사이사이에 머리 부분과 도려낸 속을 담는다.

아파레유를 붓고 브리오슈 아 테트를 살짝 눌러서 완전히 흡수시킨다.

**참고문헌**

『프랑스 요리 사전』(하쿠스이샤)
『신 라루스 요리 대사전』(도호샤)
『계란 대사전』(코가쿠샤)

**조리 어시스턴트** 이시무라 아키, 사카모토 에이코
**촬영** 다카스기 준
**디자인** 나스 아야코(이치고디자인)
**편집** 야구치 하루미

달걀 하나로 근사해지는 에그 샌드위치 99
# 달걀과 빵은 맛있어

**초판 1쇄 인쇄** 2020년 7월 29일 **초판 1쇄 발행** 2020년 8월 6일

**지은이** 나가타 유이
**옮긴이** 조수연
**펴낸이** 연준혁

**편집 2본부 본부장** 유민우
**편집 7부서 부서장** 최유연
**편집** 이은정
**디자인** 조은덕

**펴낸곳** ㈜위즈덤하우스 **출판등록** 2000년 5월 23일 제13-1071호
**주소** 경기도 고양시 일산동구 정발산로 43-20 센트럴프라자 6층
**전화** 031)936-4000 **팩스** 031)903-3893 **홈페이지** www.wisdomhouse.co.kr

ISBN 979-11-90908-24-5 13590

* 이 책의 전부 또는 일부 내용을 재사용하려면 반드시 사전에 저작권자와
  ㈜위즈덤하우스의 동의를 받아야 합니다.
* 인쇄·제작 및 유통상의 파본 도서는 구입하신 서점에서 바꿔드립니다.
* 책값은 뒤표지에 있습니다.

> 이 도서의 국립중앙도서관 출판예정도서목록(CIP)은 서지정보유통지원시스템
> 홈페이지(http://seoji.nl.go.kr)와 국가자료종합목록시스템(http://www.nl.go.kr/
> kolisnet)에서 이용하실 수 있습니다. (CIP제어번호: CIP2020027398)